Suhrkamp BasisBiographie 40 **Jimi Hendrix**

Leben Werk Wirkung

Peter Kemper, Dr. phil., geboren 1950, studierte Philosophie, Germanistik und Sozialwissenschaften in Marburg. Seit 1986 Leiter des »Abendstudios« im Hessischen Rundfunk, ab 2003 Leitung der täglichen hr2-Gesprächssendung »Doppel-Kopf«. Seit 1981 regelmäßige Mitarbeit im Feuilleton der Frankfurter Allgemeinen Zeitung als Musikkritiker für Rock, Pop und Jazz. Zahlreiche Buchveröffentlichungen zu Themen der Alltags- und Jugendkultur. Herausgeber der dreibändigen Textsammlung *Rock-Klassiker* (Stuttgart 2003). Zuletzt erschienen: *Der Aufstand des Ohrs – die neue Lust am Hören* (Göttingen 2006) und die Suhrkamp BasisBiographie *John Lennon* (2007).

Jimi Hendrix

Suhrkamp BasisBiographie

von Peter Kemper

Suhrkamp BasisBiographie 40 Erste Auflage 2009 Originalausgabe

Druck: Kösel, Krugzell · Printed in Germany
Umschlag: Hermann Michels und Regina Göllner
ISBN 978-3-518-18240-6
Die Schreibweise entspricht den Regeln der neuen Rechtschreibung, Zitate wurden in ihrer ursprünglichen Schreibweise belassen.

1 2 3 4 5 6 – 14 13 12 11 10 09

Inhalt

7 Matsch und Heiligenscheine

Leben

11 Familiäre Wirrungen: Buster aus Seattle (1942-1958)
18 Gitarrentricks und Fallschirme: Musikalische Gehversuche (1958-1963)
23 Do your own thing! Rastlos in New York City (1963-1966)
32 Triumph der Erfahrung: The Jimi Hendrix Experience (1966-1967)
42 Ein Gerücht wird zur Legende: Monterey und die Folgen (1967-1968)
53 Zerfall und Neubeginn: Woodstock und die Band of Gypsys (1969-1970)
65 Liebe, Chaos und Gewalt: Das letzte Jahr (1970)

Werk

Die klassischen Alben
82 *Are You Experienced?* 82 – *Axis: Bold As Love* 86 – *Electric Ladyland* 89 – *Band Of Gypsys* 95

97 Postume Veröffentlichungen
Die Wirrungen um Hendrix' Vermächtnis
First Rays Of The New Rising Sun 99 – *South Saturn Delta* 104 – *The Jimi Hendrix Experience* 105

106 Offizielle Bootlegs

106 Die Songs
Hey Joe 107 – *Purple Haze* 109 – *The Wind Cries Mary* 111 – *Little Wing* 113 – *Bold As Love* 114 – *Voodoo Chile/Voodoo Child (Slight Return)* 116 – *1983 ... (A Merman I Should Turn To Be)/Moon, Turn The Tides ... Gently, Gently Away* 117 – *All Along The Watchtower* 118 – *The Star Spangled Banner* 120 – *Machine Gun* 122 – *Dolly Dagger* 124

Wirkung

125 Das Märtyrer-Syndrom der Popkultur
126 Der musikalische Innovator
131 Jenseits von Rock, Blues und Jazz
135 Can You See Me? Kommerzkult und Streit der Erben

Anhang

141 Zeittafel
145 Bibliographie
149 Diskographie
151 Personenregister
157 Werkregister
160 Bildnachweis

Matsch und Heiligenscheine

Wer an Woodstock denkt, denkt unweigerlich an Jimi Hendrix. Wer an Jimi Hendrix denkt, denkt an *The Star Spangled Banner*, an jene brachiale Verfremdung der amerikanischen Nationalhymne, die noch heute die Gemüter erhitzt. War es ein politisches Manifest? Eine Protestaktion gegen den Vietnamkrieg? Ein lärmender Abgesang auf den American Way of Life? Oder wollte Hendrix, der als ehemaliger Soldat durchaus patriotische Gefühle hegte, hier vielleicht nur die neuen Ausdrucksmöglichkeiten, die ihm die elektrische Gitarre bot, an einer allseits vertrauten Melodie demonstrieren? Hatte also die Auswahl der Hymne für den Woodstock-Auftritt primär musikalische Gründe?

Wie bei kaum einem anderen Idol der Rockgeschichte durchmischen sich im Fall Jimi Hendrix Mythen und Tatsachen. Das gilt nicht zuletzt für seinen Woodstock-Auftritt: Hendrix' *Star-Spangled-Banner*-Version wird inzwischen auch als »Herrschaft des Feedbacks«, ja als »globales Maschinengewehr« interpretiert (zit. n. Frank Schäfer 2002, S. 119). Dabei hatte der vermeintliche Globalisierungsgegner an jenem frühen Montagmorgen des 18. August 1969 mit ganz anderen Problemen zu kämpfen. Doch die Missverständnisse begannen schon viel früher. Sie schreiben sich noch heute in unserer Erinnerung als die medialen Konstruktionen einer vielschichtigen Figur fort, die selbst oft genug widersprüchliche Angaben zu ihrem Leben gemacht hat.

»Er war ganz Image, dieser Hendrix. Er hatte krauses Haar, das überall von seinem Kopf abstand wie ein grotesker struppiger Heiligenschein, und er war sehr cool, er hatte ein langsames Grinsen drauf und sprach unheimlich gedehnt. Er wußte genau, was er tat. Er war ein unheimlich großprotziger Showman.« (Der britische Rockjournalist Nik Cohn, zit. n. Herfurtner 1980) Diese Zeilen versammeln all jene Klischees, die jahrelang das Bild des bedeutendsten Gitarristen der Rockgeschichte bestimmten. Seine exhibitionistischen Attitüden auf der Bühne, sein feedbackschwangeres Gitarrenspiel in den unmöglichsten Posen, hinter dem Kopf, zwischen den Beinen, auf dem Boden liegend, mit Zähnen und Zunge, das Instrument als brennendes Kultopfer in Monterey – überspannte Symbolik dieser Art prägte das zwiespältige Image von Jimi Hendrix. Dabei war er ein musikalischer Revolutionär: Sein Konzept der »orchestralen Gitarre«, seine Sound-Paintings und Studioexperimente – dokumentiert in 560 offiziellen Konzerten und mehr als 500 Studioaufnahmen – sind bis heute wegweisend und haben neue Maßstäbe in der Rockmusik gesetzt.

Neben seiner Griffbrett-Genialität verfügte Jimi Hendrix über eine intuitive Intelligenz und eine seltene sinnliche Strahlkraft. Vom Management und der Rockpresse schnell zum »wild man of pop« stilisiert, von den Fans zum psychedelischen Prediger und Drogenpropheten verklärt, bündeln sich bis heute in seiner Person die turbulenten sechziger Jahre: rau, rebellisch, zerrissen, zugleich verträumt und vom naiven Glauben an die bewusstseinserweiternde Kraft der Rockmusik beseelt. Seine virtuose Verwirbelung mentaler Bilder durch Farben, Formen und Klänge galt als Versprechen einer neuen Freiheit – wie nebulös diese auch sein mochte. Man träumte den Traum vom Regenbogen als Brücke in die Zukunft – und das Woodstock-Festival im August 1969 wurde zur utopischen Spielwiese dieser Gegenkultur.

Jimi Hendrix war als Topact des dreitägigen Open-Air-Spektakels vom 15. bis 17. August 1969 gebucht. Schon Wochen zuvor hatte er sich in einem riesigen Haus in Shokan, 15 Kilometer von Woodstock entfernt, eingemietet, um mit dem Sextett Gypsy, Sun & Rainbows eine neue Band-Idee zu entwickeln. Ihm schwebte das Konzept einer »electric church music« vor, das sich nur mit einem größeren Ensemble verwirklichen ließe. Doch die Proben gestalteten sich schwierig: Was locker wirken sollte, klang oft schlampig. Die Musik schwankte zwischen energetischem Free Rock und hilflosem Dilettantismus.

Zu diesem Zeitpunkt war Hendrix an einem dramatischen

Wendepunkt seines Lebens angelangt: Künstlerisch ziellos, ohne einen stabilen Bandzusammenhang, von seinem Management bevormundet, trotz zahlloser Liebesbeziehungen ohne emotionalen Halt, war er gezwungen, sich neu zu erfinden. So plante er, ein paar Songs nur mit akustischer Gitarre und Perkussion zu spielen. Dieser für sein Selbstverständnis als »elektronischer Gitarrengott« revolutionäre Plan wurde aber von seinem Management und den Festivalveranstaltern sabotiert. Zudem wollte Hendrix unbedingt die lockere Sessionatmosphäre der vorangegangenen Proben und den spontanen Gemeinschaftsgeist der neuen Formation auf die Bühne retten. Doch von all diesen musikalischen und gruppendynamischen Innovationen war dann weder vor Ort noch im berühmten Woodstock-Film oder der begleitenden Schallplattenveröffentlichung viel zu hören: Man hatte die unerhörten Rhythmen und Klangfarben einfach weggemischt. Stattdessen dominierte in den Medien einmal mehr das muskulöse Trio-Spiel.

Obwohl er nach seiner Performance vor Erschöpfung einen Zusammenbruch erlitt und trotz triumphaler Außenwirkung mit dem musikalischen Ergebnis seines Auftritts kaum zufrieden war, schrieb er nur wenige Tage nach dem Festival eine Hommage zur Selbstermutigung: »Fünfhunderttausend Heiligenscheine überstrahlten den Matsch und die Geschichte / Wir badeten in Gottes Freudentränen und tranken davon / Und endlich einmal war die Wahrheit für niemanden mehr ein Rätsel.« (zit. n. Cross 2006, S. 287)

Leben

Familiäre Wirrungen: Buster aus Seattle (1942-1958)

Die Clubs auf der Jackson Street in Seattle wurden Anfang der Vierziger regelmäßig von einem jungen Mann frequentiert, einem leidenschaftlichen Tänzer, der aber aus einem handfesteren Grund 1936 von seinem Geburtsort Vancouver in die Stadt am Puget Sound gekommen war. Al Hendrix versuchte damals, als Boxer ein bisschen Geld zu verdienen, und ein Veranstalter vermittelte ihm einen Kampf im Crystal Pool. Zu spät stellte der damals 17-Jährige fest, dass es sich um einen Amateurwettbewerb handelte und er deshalb keinen Penny bekam. Weil sich für ihn aber in seiner Heimatstadt keine Beschäftigungsperspektive ergab, übersiedelte Al 1940 endgültig nach Seattle. Hier fand er bald einen Job als Eisengießer, doch er lebte ausschließlich für seine Abende auf der Tanzfläche. Als Al an einem Abend des Jahres 1941 den »Washington Club« besuchte – hier traten regelmäßig die großen Orchester von Duke Ellington und Lionel Hampton auf –, machte er die Bekanntschaft der damals 16-jährigen Lucille Jeter. Sie war auffallend hübsch und hatte für eine Schwarze überraschend helle Haut. Es dauerte nur ein paar Wochen, und Al war hoffnungslos in Lucille verliebt. Ende Februar 1942 wurde Lucille schwanger. Gegen den Willen ihrer Eltern heirateten die beiden am 31. März 1942.

Ihr Glück währte nur drei Tage, denn am 3. April wurde Al im Zuge der allgemeinen Mobilmachung zur US-Marine eingezogen. Als lebenslustiger Teenager hocke Lucille in den folgenden Monaten trotz ihrer Schwangerschaft nur selten allein zu Hause. Sie verdiente sich ihren Lebensunterhalt als Sängerin in den Nightclubs auf der Jackson Street. Naturgemäß blieben weitere Männerbekanntschaften nicht aus. Als ihr Sohn am 27. November 1942 um 10.15 Uhr zu Welt kam, lebte Lucille gerade bei Dorothy Harding, einer Freundin der Familie. Noch im King County Hospital erhielt der Junge den Spitznamen Buster – in Anlehnung an Buster Brown, Held eines Comicstrips und Werbefigur einer Kinderschuhmarke. Obwohl Lucille ihrem Sohn den Taufnahmen Johnny Allen

Hendrix gab, riefen ihn die Verwandten sein Leben lang Buster. Al hat später immer geargwöhnt, der Vorname Johnny gehe auf John Page zurück, einen Hafenarbeiter, der bei Dorothy Harding zur Untermiete wohnte und bald ein Verhältnis mit Lucille anfing.

Seit Generationen galten Vaterschaft und Abstammung in der Hendrix-Familie als prekär. Buster war ein Abkömmling schwarzer Sklaven, weißer Grundbesitzer und rothäutiger Cherokee-Indianer. Während sein Großvater mütterlicherseits, Preston Jeter, als außereheliches Kind der Beziehung zwischen einer Sklavin und ihrem weißen Herrn entsprang, zählte seine Großmutter Clarice Sklaven und Cherokee zu ihren Vorfahren. Auch Busters Opa väterlicherseits, Bertran Philander Ross Hendrix, entstammte der Vereinigung einer ehemaligen Sklavin mit ihrem Besitzer. Seine Großmutter Nora Moore hatte ebenfalls Vollblut-Cherokee in ihrem Stammbaum. Neben diesen indianischen Anteilen dürfte der kleine Buster auch die Liebe zum Showgeschäft von seinen Großeltern geerbt haben: Nora und Bertran waren jahrelang als Mitglieder der schwarzen Varieté-Truppe »Great Dixieland Spectacle« durch den Südwesten der USA gezogen.

Indianische Vorfahren, vgl. S. 84

Die Großeltern väterlicherseits, Nora und und Bertran Hendrix, 1911

Kurz nach der Geburt seines Sohnes wurde Al Hendrix mit seiner Truppe in den Südpazifik verlegt, ohne jedoch an Kampfhandlungen teilzunehmen. Anfangs schrieb ihm seine junge Frau noch oft, doch die Kommunikation nahm merklich ab, als Lucilles Vater starb. Ihre Mutter erlitt einen psychischen Zusammenbruch, und kurz darauf brannte auch noch das Haus der Eltern ab und vernichtete den gesamten Besitz der Familie. Lucille, ohnehin ein labiler Charakter, bekam mit ihrem Baby massive finanzielle Probleme. Buster wurde jetzt ständig in der Verwandtschaft und unter Freunden herumgereicht. Al war verständlicherweise irritiert, als er nur wenige Wochen vor seiner Entlassung erfuhr, dass sein Sohn inzwischen bei einer fremden Frau wohnte, die sich bereit erklärt hatte, für ihn zu sorgen. Im

Dezember 1945 sah er seinen Sohn zum ersten Mal. Obwohl Al spürte, wie sehr die Pflegemutter an dem Jungen hing, entschloss er sich, ihn mitzunehmen. Zusammen mit Vater und Mutter zog Buster zunächst bei Lucilles Schwester Dolores ein. Im darauf folgenden Jahr, im Dezember 1946, ließ Al den Namen seines Sohnes offiziell in »James Marshall Hendrix« ändern. Die meisten nannten ihn nun Jimmy, außer seinem Vater und der engeren Verwandtschaft, die bei Buster blieben.

Ein neuer Name

Die folgenden vier Jahre glichen einem Wechselbad der Gefühle: Sooft sich Jimmys Eltern stritten und trennten, so oft kamen sie wieder zusammen und versöhnten sich. Eifersucht, Alkohol, finanzielle Probleme – Gründe für eheliche Auseinandersetzungen gab es ständig. Jimmy zog sich mehr und mehr zurück. Sein leichtes Stottern, das noch im Erwachsenenalter in Situationen der Nervosität hörbar wurde, dürfte seinen Ursprung in jener Sprachlosigkeit angesichts der elterlichen Konflikte gehabt haben.

»Es war deutlich spürbar, dass er – genau wie ich – als Kind kein normales, behagliches Familienleben genossen hatte und deshalb in hohem Maße verletzlich wirkte. Er hat mir erst die Augen über mich selbst geöffnet. Ich empfand es als paradox, dass er wahrscheinlich der unsicherste Mensch war, den ich jemals getroffen habe.« (Jimis spätere Freundin Kathy Etchingham in ihrem Erinnerungsbuch *Through Gypsy Eyes*; Etchingham / Crofts 1998, S. 67 f., Ü. d. A.)

Als er mit vier Jahren eine Mundharmonika geschenkt bekam, zeigte Jimmy kaum Interesse an dem Musikinstrument und ließ es zugunsten seines Lieblingsspielzeugs, eines aus Stoffresten zusammengenähten Hundes, achtlos liegen. Im Sommer 1947 wurde Lucille erneut schwanger. Jimmys Bruder Leon kam im darauf folgenden Januar zur Welt und sorgte kurzzeitig für ein neues Gemeinschaftsgefühl der Familie Hendrix. Dieses wurde erneut belastet, als Lucille nur elf Monate später den schwer behinderten Joseph Allen gebar. Seine Pflege überforderte die Familie bald; Al verdiente als

Hauswart nur wenig und distanzierte sich emotional mehr und mehr von seinen Söhnen.

Als Jimmy im September 1948 in den Kindergarten der Rainier Vista School kam, fiel auf, dass er Linkshänder war. Al versuchte sofort, ihn zu einem Rechtshänder umzuerziehen, nicht ahnend, dass sein Sohn 20 Jahre später der berühmteste Linkshänder der Rockmusik sein sollte. 1949 kam Jimmys von Geburt an blinde Halbschwester Cathy Ira zur Welt: Al leugnete die Vaterschaft, ebenso bei der ein Jahr später geborenen Pamela. Nichtsdestotrotz adoptierte er beide Kinder, die allerdings in Pflegefamilien untergebracht wurden.

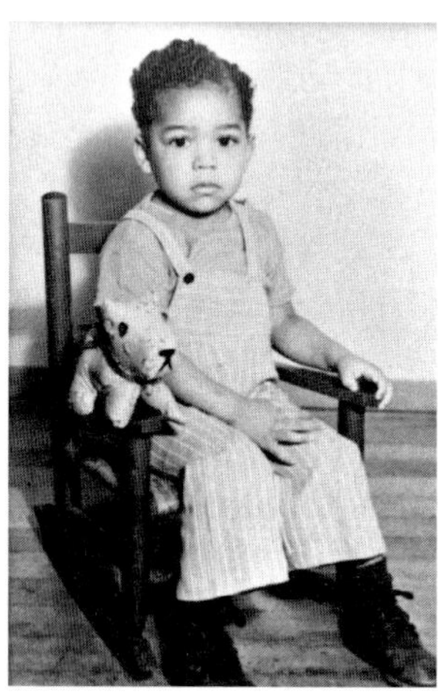

Jimi Hendrix, 1946

Inmitten dieses familiären Wirrwarrs entwickelte sich Jimmy scheinbar normal. Er liebte Comics, zeichnete am liebsten Autos und war fasziniert vom Kino. Kurz nach seinem neunten Geburtstag, im Herbst 1951, verließ die Mutter die Familie erneut. Am 17. Dezember wurden Al und Lucille offiziell geschieden. Al erhielt das Sorgerecht für die drei Jungen. Doch während Jimmy und Leon in der Folgezeit von ihren Großmüttern, ihrer Tante Dolores und der Freundin Dorothy Harding aufgezogen wurden, ließ Al Joseph gegen den Willen seiner Mutter unter Amtsvormundschaft stellen, damit er medizinisch versorgt werden konnte.

Selbst ihre Scheidung konnte die Anziehungskraft zwischen Al und Lucille nicht vollends zerstören. Immer wieder trafen sie sich und zogen sogar kurzzeitig wieder zusammen. Im Februar 1953 wurde gar ihr sechstes Kind geboren: Weil Alfred ebenfalls mit schweren Behinderungen auf die Welt kam, gab man ihn sofort zur Adoption frei. Zwischen den Eltern hin- und hergerissen, mal bei dem einen, mal bei dem anderen wohnend, schwänzten Jimmy und Leon oft die Schule und machten die Straßen der Nachbarschaft unsicher. Kein Wunder, dass das Sozialamt bald auf sie aufmerksam wurde, zumal sich die Hendrix-Brüder ihr Essen auch schon einmal zusammenstehlen mussten. Mit seinem Freund Terry Johnson be-

suchte Jimmy zum ersten Mal eine Kirche. Die machtvollen Gospelgesänge des Chors versetzten die beiden in nachhaltige Verzückung. Entgegen späteren Erinnerungen von Jimmy Hendrix behauptet sein Vater Al: »Meines Wissens war er nie in einem Kirchenchor. Ich weiß nicht, wie Jimmy in der Schule mit Musik klarkam, aber ich weiß, dass er keine besondere Stimme besaß, wahrscheinlich konnte er nicht einmal Tonleitern singen.« (Al Hendrix 1999, S. 79, Ü. d. A.)
Im Jahr 1953 begann Jimmy sich ernsthaft für Musik zu interessieren. Er verfolgte die Hitparade im Radio und versuchte die Songs auf einem Besenstiel, den er wie eine Gitarre hielt, zu begleiten. Ein paar alte Singles, die seinem Vater gehörten, machten ihn erstmals mit dem Blues von Muddy Waters und Big-Band-Jazz von Duke Ellington bekannt. Besonders die Balladen von Frank Sinatra, Nat King Cole oder Perry Como hatten es ihm angetan. Der Schmalzsänger Dean Martin war jedoch sein Favorit.
Al war meistens nicht zu Hause, die Haushaltspflichten blieben an Jimmy hängen. Dennoch konnten er und seine Tanten nicht verhindern, dass der Hendrix-Haushalt immer mehr verwahrloste und das Sozialamt Druck auf Al ausübte, seine Söhne zur Adoption freizugeben. Schließlich wurde Leon – sein Bruder Jimmy war darüber völlig verzweifelt – bei Pflegeeltern untergebracht, die aber zum Glück nur ein paar Straßenecken weiter wohnten.
Jimmys Schulnoten verschlechterten sich in jenen Monaten dramatisch, obwohl er sich seinen Lehrern gegenüber nie aufsässig oder aggressiv verhielt. Das einzige Fach, für das er echtes Interesse zeigte, war Kunst. Jimmy zeichnete gern fliegende Untertassen, Rennwagen und Football-Szenen, obwohl er selbst alles andere als ein Kämpfer oder eine Sportskanone war. Der Dauerkonflikt zwischen seinen Eltern hatte ihn weich und verletzlich gemacht. Da kam ihm die Chance, seine Besenstiel-Luftgitarre gegen eine echte Gitarre einzutauschen, gerade recht. Musik wurde zu einem Fluchtpunkt all jener Sehnsüchte, die Jimmy in seiner chaotischen Kindheit nicht ausleben konnte.
Ende 1956 mussten er und Al wieder einmal umziehen. Die

Pensionswirtin, die die beiden aufnahm, hatte einen Sohn, der eine lädierte Gitarre mit nur einer Saite besaß. Auf Jimmys Drängen verkaufte er ihm das Instrument für fünf Dollar. Später hat Jimmy eine andere Version der Geschichte erzählt: Danach gehörte das Instrument einem Freund und Kartenbruder von Al. »Eines Abends war dieser Freund so betrunken, dass er mir die Gitarre für fünf Dollar verkaufte.« (zit. n. Shadwick 2003, S. 17, Ü. d. A.) Obwohl stark beschädigt – der Gitarrenhals war verzogen und eine saubere Intonation einzelner Töne war nicht möglich –, wurde das akustische Instrument für Jimmy zu seinem Lieblingsobjekt. Nachdem er im »Atlas Cinema« Nicholas Rays Musikfilm *Johnny Guitar* gesehen hatte, in dem der Kinoheld das Instrument mit dem Hals nach unten auf dem Rücken trägt, ahmte er diese Pose nach.

Die erste eigene Gitarre

»Er konnte wirklich lustig sein, wirkte sehr sensibel und zugleich ›smart and streetwise‹. Dabei kam er mit Fremden nicht besonders gut klar.« (Terry Johnson über seinen Jugendfreund Jimmy; zit. n. Shadwick 2003, S. 15, Ü. d. A.)

Elvis

Als Elvis Presley am 1. September 1957 im »Sicks' Stadium« von Seattle auftrat, war das für Jimmy ein ungeahnter Motivationsschub: Den »King of Rock 'n' Roll« mit seinen Hits *Hound Dog* oder *Don't Be Cruel* in Aktion zu sehen bestärkte ihn in seinem Wunsch, selbst Musik zu machen. Dabei konnte Jimmy das Konzert nur auf einem entfernten Hügel verfolgen, von dem aus man Einblick in das Stadion hatte. Zunächst versuchte er, in einer Art Scatgesang ganze Gitarrensoli nachzuahmen. Schließlich gelang es ihm, die fehlenden Saiten auf seinem Instrument zu ersetzen, und er begann wie ein Besessener zu üben. Weil sein Vater auch jetzt darauf bestand, dass sein linkshändiger Sohn die Gitarre mit rechts spielte, musste Jimmy zu einer List greifen. Leon erinnert sich: »Er lernte sie mit links und mit rechts zu spielen, weil er die Gitarre jedes Mal, wenn Dad ins Zimmer kam, schnell umdrehen und verkehrt herum weiterspielen musste, sonst hätte Dad ihn angeschrieen.« (zit. n. Cross 2006, S. 61)

Das nächste Jahr brachte für die Hendrix-Jungen eine schicksalhafte Wendung. Obwohl sie ihre Mutter monatelang nicht mehr gesehen hatten, fühlten sie sich ihr noch immer nahe. Anfang Januar 1958 wurde sie mit einer schweren Leberzirrhose ins Krankenhaus eingeliefert – jahrelanger Alkoholmissbrauch hatte ihre Gesundheit ruiniert. Die Jungen waren schockiert, als sie ihre Mutter im Rollstuhl wiedersahen. Aus der einstmals strahlenden Erscheinung war eine ausgemergelte, hinfällige Frau geworden. Am 2. Februar, zwei Wochen nach Jimmys und Leons Besuch, starb Lucille. Noch schockierender für die Hendrix-Söhne mag gewesen sein, dass ihr Vater ihnen verbot, an der Beerdigung teilzunehmen. Jimmy hat Al diese Entscheidung nie verziehen. War er schon zuvor ein introvertierter Junge, so zog er sich jetzt noch mehr zurück. Er steigerte sich in Science-Fiction-Phantasien, in denen er seiner Mutter als Engel im Weltraum wiederbegegnete. Neun Jahre später, Ende 1967, schrieb Jimmy die wehmütige Ballade *Angel* – inspiriert durch einen Traum von seiner Mutter: »And I said, fly on my sweet angel / Fly on through the sky / Fly on my sweet angel / Tomorrow I'm gonna be by your side.« Bei aller idealisierenden Schwärmerei verkörperte Lucille für Jimmy immer auch ein Stück Gefahr, Aufregung und Spaß. Er sah zeitlebens einen freien Geist in ihr, der sich bei allem Leichtsinn nie Konventionen und sozialen Erwartungen gebeugt hatte – ein Frauenbild, dem später auch die meisten seiner eigenen Freundinnen entsprechen sollten.

Tod der Mutter

Angel, **vgl. S. 100**

»Eines Tages schieße ich mich mit einer Astralrakete in den Himmel. Ich fliege da hinauf und dann sehe ich, was da ist. Ich will hoch in den Himmel und von Stern zu Stern fliegen.« (Einer der Tagträume des 15-jährigen Jimmy Hendrix; zit. n. Cross 2006, S. 65)

Langsam entwickelte Jimmy Hendrix einen eigenen Musikgeschmack: Neben Richard Berrys *Louie, Louie* und Chuck Berrys *Johnny B. Goode* hatte es ihm vor allem das Ryhthm-'n'-Blues-Feeling von Ray Charles' *What'd I Say* angetan. Ein weiteres Idol in jenen Tagen war der Rockabilly-Gitarrist Duane Eddy mit seinem suggestiven Instrumental *Peter Gunn*. Weil Jimmy nie eine musikalische Ausbildung erhielt, wurden die Wohnzimmer der Freunde, Keller und Hinterhöfe der Innenstadt und die Clubs auf der Jackson Street zu seinem Konservatorium. Die Straße war seine Universität, oder wie sein Bruder Leon es einmal ausdrückte: »Jimmy wusste auf alles eine Antwort, ohne je ein Buch gelesen zu haben.« (zit. n. Shapiro / Glebbeek 1990, S. 46, Ü. d. A.) Auf den staat-

Die Straße als Universität

lichen Schulen tat er sich ungleich schwerer. Nach seinem Wechsel auf die Garfield High School im September 1959 baute er in allen Fächern rapide ab – außer in Kunst. Gitarrengriffe und Blueslinien waren das einzige, was er noch lernen wollte. Verständlich, denn im August 1958 hatte er endlich seinen Vater überredet, ihm im lokalen Myers Music Store eine elektrische Gitarre auf Ratenbasis zu kaufen: eine weiße Supro Ozark. Da es sich natürlich um ein Rechtshänderinstrument handelte, spannte Jimmy die Saiten sofort um.

Gitarrentricks und Fallschirme: Musikalische Gehversuche (1958-1963)

Mit den Velvetones machte Hendrix 1958 seine ersten Band-Erfahrungen. Gegründet von dem Pianisten Robert Green und dem Saxophonisten Luther Rabb, bestand die Gruppe aus vier Gitarristen (Jimmys alte Kumpel Terry Johnson und Pernell Alexander waren mit von der Partie), zwei Pianisten, wechselnden Bläsern und einem Drummer. Die Band war froh, hin und wieder einen Auftritt bei einer Highschool-Tanzveranstaltung zu ergattern, um das schmale Repertoire von Coverversionen zu erproben: Stücke der Coasters, Little Richards *Lucille* oder Fats Dominos *Blueberry Hill* standen auf dem Programm. Immerhin schafften sie es, sich als Amateure einen wöchentlichen Auftritt im »Birdland«, dem angesagtesten Club auf der Jackson Street, zu erspielen. Als sich die Band auflöste, stieg Jimmy bei den Rocking Kings ein, einem Sextett, in dem er sich erneut mit anderen Musikern einen Verstärker teilen musste. Schlimmer für ihn war jedoch, dass ihm eines Abends nach einem Auftritt seine geliebte Gitarre hinter der Bühne des »Birdland« gestohlen wurde. Weil Al sich weigerte, ein weiteres Instrument zu finanzieren, legten die anderen Bandmitglieder zusammen, und Jimmy konnte sich eine Danelectro Silvertone zulegen, die er sofort rot lackierte. Außerdem schrieb er groß den Namen »Betty Jean« auf den Korpus. Seit Herbst 1959 war er nämlich mit seiner Schulfreundin Betty Jean Morgan zusammen.
Bei den Auftritten der Rocking Kings wurde Jimmy regelmäßig von Lampenfieber geplagt, weshalb er anfing, an einer

selbstbewussten Körpersprache zu feilen. Die später für ihn so typischen Performancetricks, wie das Gitarrenspiel zwischen den Beinen, hinter dem Kopf, dem Rücken und auf dem Boden, all diese Gimmicks führte Jimmy schon mit den Rocking Kings öffentlich vor. Viel ist später über diese »Gitarren-Gymnastik« gestritten worden. Nach seinem triumphalen US-Debüt 1967 in Monterey warfen ihm Musikkritiker vor, ein »Uncle Tomming« für Weiße zu zelebrieren – gemeint ist das unterwürfige Gebaren eines Sklaven, wie es in Harriet Beecher-Stowes Roman *Uncle Tom's Cabin* geschildert wird. Dabei gehen solche Showeffekte auf eine lange Tradition im schwarzen Blues zurück. Das Publikum im Mississippi-Delta erwartete von einem Musiker einfach ein gewisses Maß an Darstellungskunst. Charlie Patton beispielsweise war neben seiner improvisatorischen Ausdruckstiefe schon in den 1920er Jahren ein großer Gitarren-Clown. T-Bone Walker sollte später diese akrobatischen Kunststückchen weiter perfektionieren, und Jimmy Hendrix knüpfte nur an diese Griffbrett-Geschichten an. Ende 1960 stand Jimmy auf der Bühne des beliebten »Spanish Castle« in Kent, Washington. Dort erprobte er mit Thomas and the Tomcats – einer Nachfolgeband der Rocking Kings – erstmals seine stimmlichen Fähigkeiten, wenn auch zunächst nur als Backgroundsänger.

Gitarren-Gymnastik

Vgl. S. 87

Den wachsenden musikalischen Erfolgen standen die schulischen Enttäuschungen gegenüber. Im Oktober 1960 verließ Jimmy die Garfield High School ohne Abschluss. Weil er unter akutem Geldmangel litt, half er zunächst seinem Vater bei Gartenarbeiten. Die Zukunft schien für den 17-Jährigen alles andere als rosig zu werden. Sie verdüsterte sich noch, als er im Mai 1961 zwei Mal ohne Führerschein und noch dazu in gestohlenen Autos erwischt wurde. Trotz seiner Unschuldsbeteuerungen kam der Delinquent nur deshalb glimpflich davon, weil er sich verpflichtete, für drei Jahre der Armee beizutreten. Nachdem er seiner Freundin Betty Jean Morgan noch einen billigen Verlobungsring geschenkt und ewige Treue geschworen hatte, fuhr Jimmy Hendrix am 29. Mai zur Grundausbildung nach Fort Ord in Kalifornien.

Ohne Führerschein

Wenn er später oft behauptete, er habe die Armee vom ersten

Tag an gehasst, so muss das wohl als Schutzbehauptung inmitten seines Hippie-Umfelds gewertet werden. Denn in den zahlreichen Briefen, die Hendrix an seinen Vater Al und an Betty Jean Morgan geschrieben hat, drückte sich zumindest in der ersten Zeit eine gewisse Befriedigung über die klaren Strukturen, fest gefügten Tagesabläufe und regelmäßigen Mahlzeiten aus: Ordnungsprinzipien, die Jimmy in seiner unsteten Kindheit und Jugend oft schmerzlich vermisst hatte. Nach der Grundausbildung und einer trotz seiner Kurzsichtigkeit erfolgreichen Scharfschützenprüfung kam der Gefreite Hendrix nach Fort Campbell in Kentucky. Hier sollte er zum Fallschirmspringer ausgebildet werden.

> »Jetzt bin ich exakt da, wo ich immer hinwollte: bei der 101st Airborn. Am dritten Tag hier sind wir von einem mehr als zehn Meter hohen Turm gesprungen. Das hat beinahe richtigen Spaß gemacht.« (Jimmy Hendrix über seine anfängliche Begeisterung für die Armee; zit. n. Shadwick 2003, S. 38, Ü. d. A.)

Um den Stress und die gleichzeitige Langeweile während seiner Armeezeit besser zu bewältigen, hatte Jimmy sich schon nach zwei Monaten von Al seine geliebte Gitarre schicken lassen. An einem Novemberabend des Jahres 1961, während es draußen stürmte und regnete, übte Jimmy wieder einmal Blues-Licks à la Albert King. Aber er reicherte sie jetzt mit jenen Sounds an, die er beim Fallschirmspringen erlebte: dem Röhren des Flugzeugs, dem Zischen der Luft und dem explosionsartigen Knall des sich entfaltenden Schirms. Als

Billy Cox

zufällig der Soldat Billy Cox vorbeikam und Jimmys aufgerauhtes Spiel hörte, hielt er es für »eine Mischung aus Beethoven und John Lee Hooker« (zit. n. Cross 2006, S. 91). Die beiden machten sich bekannt, und eine fast ein Jahrzehnt dauernde Freundschaft nahm ihren Lauf. Cox, der aus West Virginia stammte, hatte sich schon an Trompete, Saxophon, Klavier und Violine versucht, bevor er mit dem Bass das Instrument seiner Wahl fand. Von Jazzbassisten wie Charles Mingus und Ray Brown beeinflusst, konnte er sofort auf seinem E-Bass mit Jimmy jammen. Mit drei anderen Soldaten gründeten sie die King Kasuals, die nicht nur im Kasino der Militärbasis, sondern bald auch in Clubs des benachbarten Clarksville auftraten.

Nachdem Jimmy im Frühjahr 1962 seine Fallschirmspringerausbildung mit dem ersehnten »Screaming-Eagle«-Abzeichen abgeschlossen hatte, erlahmte sein Interesse an der Armee von Tag zu Tag mehr. Er schlief mit der Gitarre im Bett ein – übrigens eine alte Bluesmusiker-Marotte – und setzte seine Übungen gleich am nächsten Morgen fort. Anfang April hatte er endgültig die Nase voll vom harten Soldatenleben, doch noch lagen 26 Monate vor ihm. Wie er sich dann aus der Affäre zog, darüber gehen die Meinungen der Biographen auseinander: Charles R. Cross enthüllt in *Hinter den Spiegeln*, dass Hendrix erfolgreich homosexuelle Neigungen vortäuschte, um ein vorzeitiges Ende seiner Dienstzeit zu erreichen. Janie L. Hendrix und John McDermott insistieren dagegen ebenso wie Keith Shadwick darauf, dass es sich hierbei um unbestätigte Gerüchte handele und dass vielmehr ein gebrochener Fußknöchel zusammen mit Rückenproblemen nach seinem 26. Absprung der Grund für die vorzeitige Entlassung gewesen sei. Diese Version hat auch Jimmy in späteren Interviews immer wieder verbreitet.

Bei der Army

Welchen Trick auch immer er angewandt hatte, im Juli 1962 wurde Jimmy zwei Monate vor Cox aus der Armee entlassen. Zunächst ging er nach Clarksville und blieb bei einem Mädchen namens Joyce Lucas hängen. Es war nur eine Frage der Zeit, bis er Betty Jean nach Seattle schrieb, er plane nicht mehr, zu ihr zurückzukehren. Als er dann noch seine Gitarre mit ihrem Namenszug gegen eine neue Epiphone Wilshire SB 432 eintauschte, war dieses Kapitel für Jimmy erledigt.

Als musikalische Seelenverwandte stürzten sich Jimmy und Billy Cox nach dessen Entlassung aus der Armee sofort ins Nachtleben von Clarksville: Zusammen mit dem Gitarristen Alphonso Young – von ihm lernte Hendrix das spektakuläre Gitarrenspiel mit den Zähnen – gelang ihnen eine Neuauflage der King Kasuals, mit der sie bald Arbeit im »Del Morocco Club« im benachbarten Nashville fanden. Die Stadt war kein Blues-Mekka und stattdessen für traditionelle Country-Musik bekannt, die vornehmlich von einem weißen Publikum goutiert wurde. Der wilde, lärmende Rhythm 'n' Blues von Jimmy & Co. musste da für Irritationen sorgen. Cox erinnert sich: »Wir spielten teilweise so laut, dass die Leute nicht wussten, ob sie applaudieren oder das Lokal verlassen sollten.« (zit. n. Shadwick 2003, S. 41, Ü. d. A.) Im Winter 1962 ging Hendrix nach Vancouver und lebte ein paar Monate in der Familie seiner Großmutter Nora. In dunklem Anzug, weißem Hemd, schmaler Krawatte und mit einer »Conk«-Frisur – einer nach hinten gekämmten, toupierten Haarwelle, die er Little Richard abgeschaut hatte – strahlte er jetzt eine lässige Eleganz aus. Gleichzeitig wirkte er weich und verletzlich, was bei den Mädchen unweigerlich Beschützerinstinkte weckte.

Allein die Gitarre übte eine noch stärkere Anziehungskraft auf ihn aus als Frauen. Er legte sie kaum noch aus der Hand und erhielt deshalb in Nashville den Spitznamen Marbles (»He lost his marbles« – Er hat den Verstand verloren). Obwohl Jimmy jetzt so klang, als hätte er in nur fünf Jahren 25 Jahre Spielerfahrung auf der Gitarre nachgeholt, fehlte ihm

Tonsuche

bei aller Virtuosität noch der *eigene* Ton, der nur aus Lebenserfahrung wachsen konnte. Das wurde nicht zuletzt deutlich, als Hendrix sich auf ein Duell mit Johnny Jones einließ, dem damals besten Gitarristen von Nashville. Er scheiterte kläglich in dieser »guitar battle«, weil er sich auf eine B. B.-King-Imitation beschränkte. Im »Del Morocco« lernte Hendrix auch Larry Lee kennen, einen jungen Gitarristen aus Memphis, der 1963 bei den King Kasuals einstieg. Die Band trat in den folgenden zwei Jahren auf, wo immer sie einen Gig ergattern konnte, in Tennessee, Kentucky oder Arkansas, und absolvierte die »Chitlin-Circuit«-Tour. Gemeint war damit eine bestimmte geographische Abfolge der Clubs und Theater im Süden der USA mit vornehmlich schwarzem Publikum. »Chitlin« ist die Abkürzung für »chitterling« und bedeutet in diesem Zusammenhang Innereien vom Schwein – fester Bestandteil der ländlichen Südstaatenküche von Schwarzen. Alle Lokalitäten des »Chitlin Circuit« waren klein, informell und servierten dieses »soul food«. Immer häufiger nahm Jimmy daneben Jobs als Aushilfsmusiker in anderen Gruppen an. Später hat er sich in seinem autobiographischen Song *Highway Chile* an dieses karge Leben »on the road« erinnert. Er war einer von zahllosen unbekannten schwarzen Gitarristen, die sich, um sich einen Namen zu machen, als »a gun for hire« anbieten mussten.

Highway Chile, **vgl. S. 82**

> »Wer zuerst erfolgreich ist, muss den anderen informieren und schauen, was der gerade macht. Er kann ihn dann fragen, ob er nicht Lust hat, in die Erfolgsband einzusteigen.« (Al Hendrix über einen Pakt, den Jimmy und Bill Cox noch während ihrer Armeezeit schlossen; zit. n. Hendrix, 1999, S. 138, Ü. d. A.)

Jimmys Selbstwertgefühl steigerte sich nicht nennenswert, als er die Chance erhielt, mit der Soul-Legende Otis Redding auf Tour zu gehen. Schnell wurde ihm klargemacht, dass ihm als Mitglied der Backing-Band keinerlei Solo-Eskapaden zustanden. Die King Kasuals reichten ihm inzwischen als Inspirationsquelle schon längst nicht mehr. Auch als ihre Nachfolgeband The Barnevilles als Vorgruppe für die R&B-Größe Curtis Mayfield gebucht wurde, war Jimmy allenfalls von der professionellen Verstärkeranlage beeindruckt. In dieser Phase künstlerischer Stagnation kam ihm das Angebot eines New Yorker Promoters gerade recht, sein Glück in der Ostküsten-Metropole zu versuchen. Weder sein Blues-Blutsbruder Larry Lee noch sein Armee-Kumpel Billy Cox ließen sich überreden, ihn zu begleiten. So kam es, dass sich der inzwischen 21-jährige Jimmy Hendrix Ende Dezember 1963 allein im Greyhound-Bus auf die Reise machte. Immerhin hatte ihm Lee noch einen warmen, beigefarbenen Mantel für die kalten New Yorker Nächte geschenkt.

Otis Redding

Do your own thing! Rastlos in New York City (1963-1966)

Bei einem Zwischenstopp in Philadelphia ergab sich die Chance zu einer ersten Plattenaufnahme: Der Saxophonist Lonnie (Thomas) Youngblood lud den unbekannten Gitarristen ein, ihn zu begleiten: Während Jimmy in *Under The Table (Take 2)* mit der Attacke eines Buddy Guy agiert, kann die Ballade *(My Girl) She's A Fox* in der Tradition von Curtis Mayfield als Vorstudie zum späteren Hendrix-Highlight *Little Wing* gehört werden. Als Jimmy Anfang 1964 in New York City eintraf, zog es ihn sofort nach Harlem, dem Zentrum schwarzer Musik an der Ostküste, wenn nicht der ganzen USA. Harlem war eine in sich geschlossene Welt, mit eigenem Dress-Code und Slang. Weißer Rock 'n' Roll war hier verpönt, die »black community« hörte Soul, Funk, Jazz und Rhythm 'n' Blues.

Little Wing, vgl. S. 113

Musikalischer Mittelpunkt des »Harlem Planet« war das Apollo-Theater, wo jeden Mittwoch eine »amateur night« stattfand. Nachwuchskünstler kämpften um die Aufmerksamkeit eines überaus kritischen Publikums und um den Hauptpreis von 25 Dollar. Stars wie Ella Fitzgerald, Sarah Vaughan oder James Brown hatten hier gewonnen, und Hendrix war ebenfalls überglücklich, als er nach einer hitzigen Rhythm-'n'-Blues-Performance das Preisgeld einstreichen konnte. Fayne Pridgeon, eine afro-amerikanische Schönheit und Backstage-Queen – auch als »Apollo-Fayne« bekannt –, war Jimmys erste leidenschaftliche Liebe in der ansonsten kalten und abweisenden Harlem-Welt.

> »Ich lebte in miserablen Verhältnissen, musste zwischen Mülleimern schlafen, überall liefen Ratten herum, Küchenschaben stahlen mir die letzten Krümel aus den Hosentaschen. Ich habe damals versucht, mich von Orangenschalen und Tomatenmark zu ernähren.« (Jimmy Hendrix über seine ersten Monate in New York; zit. n. Hendrix / McDermott 2007, S. 16 f., Ü. d. A.)

The Isley Brothers

Fayne hatte jede Menge Verbindungen und versuchte – zunächst vergeblich –, Geschäftskontakte für Hendrix zu knüpfen. Im März erschien plötzlich Licht am Ende des Tunnels: Das renommierte Gesangstrio The Isley Brothers, das bei Top-Ten-Hits wie *Shout* oder *Twist And Shout* aus der Tiefe der Gospel-Tradition schöpfte, suchte einen neuen Gitarristen. Als ein Freund von ihnen im »Palm Café« Hendrix hörte, war die Sache klar: Am 9. Febuar 1964, an jenem Abend, als die Beatles erstmals in der »Ed Sullivan Show« vor 70 Millionen Zuschauern auftraten und damit ein ganzes Land betörten, trafen sich die Isley Brothers zum ersten Mal mit Jimmy – natürlich vor dem Fernseher.

Hendrix war instinktiv bewusst, dass der Rock 'n' Roll zur vorherrschenden Musikrichtung in Amerika avancieren würde. Denn die Liverpooler »working- class lads« versöhnten die weiße Mittelschicht mit schwarzem Rhythm 'n' Blues. Nicht zufällig hatten die Beatles schon 1963 den Isley-Brothers-Song *Twist And Shout* erfolgreich gecovert. Im März war Jimmy bei den Brüdern unter Vertrag. Als Ergebnis ihrer ersten Studio-Session am 21. März entstand der Song *Testify (Parts 1 & 2)* mit Hendrix in der Backing-Band. Ernie Isley erinnert sich: »Jimmy spielte die ganze Zeit, und es sah so aus, als würde er dabei wie ein Athlet trainieren, wie Muhammad Ali.« (zit. n. Shadwick 2003, S. 53, Ü. d. A.) Das Hauptproblem für Hendrix auf den Isley-Brothers-Tourneen aber war das streng vorgeschriebene Bühnen-Outfit: weiße Mohairanzüge, Lacklederschuhe und Lackfrisuren. Dazu kam, dass er pro Set nur mit einem Solo von maximal 20 Sekunden Dauer glänzen durfte. Immerhin hatten ihm die Sangesbrüder mit einer Fender Duo-Sonic erstmals eine hochklassige Gitarre besorgt.

Vgl. S. 117

Trotz ihrer mehrmonatigen Zusammenarbeit blieb Hendrix für die Isley Brothers ein Rätsel: Was war von jemandem zu halten, der kaum redete, zumeist unsicher auf seine Füße starrte und allein die Gitarre als Sprachrohr akzeptierte? Vielleicht gaben sie ihm wegen dieser Verunsicherung den Spitznamen The Creeper – weil er sich wie ein sanftes Irrlicht zu bewegen schien. Als Little Richard, eine der größten Primadonnen des Rock, ihn im Sommer 1964 für seine Begleitband The Upsetters verpflichtete, schien Hendrix das große Los gezogen zu haben. Doch einmal mehr musste er sich bei der Hit-Revue von *Tutti Frutti*, *Long Tall Sally* oder *Lucille* bescheiden im Hintergrund halten. Immerhin tauchte er auf Richards Single *I Don't Know What You Got* auf. Richard, der mit verrückten Kostümen und ungezügelter Wildheit in seiner besten Zeit eine Bühnensensation war, bestärkte Hendrix

Little Richard

in dem Wunsch, den Sex-Appeal des Rock mit der Blues-Tradition zu verschmelzen. »Ich möchte mit meiner Gitarre das machen, was Little Richard mit seiner Stimme macht«, erklärte Jimmy später (zit. n. Murray 1990, S. 55). Nach sechsmonatiger Zusammenarbeit aber brachen die Konflikte zwischen dem Chef und seinem Angestellten offen aus: Der Gitarrist hatte es gewagt, im Konzert anstelle der vorgeschriebenen Banduniform ein Rüschenhemd zu tragen. Richard brüllte ihn an: »Ich bin Little Richard. Und *nur* ich bin Little Richard! Ich bin der *King* of Rock 'n' Roll, und nur ich habe das Recht, gut auszusehen. Zieh das Hemd aus!« (zit. n. Cross 2006, S. 112) Weil aber die Zahlungsmoral des Rock-'n'-Roll-Königs zu wünschen übrig ließ und seine Musiker mehrere Wochen keinen Lohn bekamen, zog Jimmy nicht nur das Hemd aus, sondern auch die Konsequenzen. Er quittierte den Dienst. Richards Road-Manager korrigierte in mehreren Interviews, dass er Hendrix gefeuert habe, weil der einmal zu oft den Tourbus verpasst habe.

Zieh das Hemd aus!

Jimmy hatte sich in jenen Tagen ein neues Pseudonym zugelegt: Er nannte sich jetzt Maurice James – nach dem verehrten Blues-Gitarristen Elmore James. Unter diesem Namen lernte ihn auch Rosa Lee Brooks, Sängerin in einer Mädchenband, Sylvester 1964 kennen. Obwohl er ihr beim ersten Treffen mit der Begrüßung »Du siehst aus wie meine Mutter« ein zweifelhaftes Kompliment machte, wurde sie für ein paar Wochen Jimmys Geliebte und lud ihn ein, an der Aufnahmesession zu ihrer Soul-Ballade *My Diary* teilzunehmen. Im Sommer 1965, Hendrix lebte in New York und war kurzzeitig wieder bei den Isley Brothers eingestiegen, kamen zwei Songs auf den Markt, die ihn nachhaltig beeinflussen sollten: Wilson Picketts *In The Midnight Hour* und *Like A Rolling Stone* von Bob Dylan. Während er Picketts perfekte Tanznummer in den folgenden 18 Monaten immer wieder live erprobte, wurde Dylans rockendes Einsamkeitsmanifest für ihn zur künstlerischen Offenbarung. Mit jener richtungslosen Existenz, die Dylan in dem Lied besingt, konnte sich Hendrix unmittelbar identifizieren. Der Folksänger, inzwischen zum elektrifizierten Rock konvertiert, hatte mehrfache Wirkung auf ihn: So wie Dylan

Bob Dylan, **vgl. S. 119**

seine Stimme eher als Musikinstrument nutzte und weniger zur klaren Artikulation von Texten, so wollte auch Hendrix in Zukunft das Sound- und Rhythmuspotential seines Gesangs in den Vordergrund stellen. Auch vom Dichter Dylan war er beeindruckt, scheute der sich doch nicht, Wahrnehmungen und Visionen zu einer emotionalen Landschaft auszumalen. Der psychedelische Blick nach innen formte den politischen Blick nach außen. Darüber hinaus machte Dylan klar, dass es in der aufbrechenden Jugendkultur durchaus einen Markt für ernsthafte Songs gab, die zum Nachdenken anregten.

> »Die Leute wollen heute nicht, dass man gut singt. Sie wollen, dass du lässig und nicht clean klingst. Du musst nur einen guten Beat in deinen Songs haben. In diese Richtung werde ich gehen.« (Hendrix in einem Brief an seinen Vater Al; zit. n. Brown 1999, S. 24, Ü. d. A.)

Um seinem Leben eine neue Wendung zu geben, hatte Hendrix – ohne den Vertragstext überhaupt gelesen zu haben – am 27. Juli 1965 eine Vereinbarung mit dem Inhaber von Sue Records, Juggy Murray, unterschrieben. Danach sollten für zwei Jahre die Rechte aller Hendrix-Aufnahmen an Murrays Plattenfirma gehen. Die geriet jedoch bald in finanzielle Schwierigkeiten, und Murray bestand nicht auf der Erfüllung der Abmachung. Glücklicherweise begegnete Jimmy alias Maurice James im Oktober 1965 dem ambitionierten, aber relativ erfolglosen Soul-Sänger Curtis Knight aus Kansas. Knight macht Hendrix mit dem Produzenten Ed Chalpin bekannt, Inhaber des »Studio 76« und der Plattenfirma PPX Enterprises Inc., der Knights billig produzierte Coverversionen amerikanischer und britischer Erfolgstitel auf die Märke in Übersee brachte. Am 15. Oktober 1965 unterschrieb Hendrix bei Chalpin einen Vertrag, der fatale Folgen für seine weitere Karriere haben sollte: Drei Jahre lang sollte er ausschließlich für PPX Enterprises Inc. produzieren, spielen und singen. Für diesen Zeitraum gab Jimmy alle Rechte an seiner musikalischen Arbeit aus der Hand. Im Gegenzug erhielt er die symbolische Summe von einem Dollar und die Zusicherung, mit einem Prozent am Ladenpreis seiner zukünftig verkauften Platten beteiligt zu sein.

Curtis Knight und Ed Chalpin

Während der achtmonatigen Zeit bei Curtis Knight und seiner Band Squires spielte Hendrix für Chalpin insgesamt 26

Studio- und 35 Live-Aufnahmen ein – darunter die Coverversionen von *Like A Rolling Stone* mit dem Titel *How Would You Feel*, der Beatles-Titel *Day Tripper*, Howlin' Wolfs *Killing Floor*, Bo Diddleys *I'm A Man* und immer neue Anverwandlungen von Picketts *In The Midnight Hour*. Ein weiteres obskures Tondokument mit den Squires entstand, als die Schauspielerin Jayne Mansfield – als »dummes Blondchen mit Atom-Busen« vermarktet – versuchte, ihre ins Stocken geratene Film-Karriere mit ein paar Pop-Singles wieder anzukurbeln. Ende 1965 ging sie ins Studio, um ihren Schmachtfetzen *As The Clouds Drift By* aufzunehmen; Jimmy war an Bass und Gitarre mit von der Partie. Während er ständig solche Aushilfsjobs annahm, sah er nicht, wie seine künstlerischen Visionen jemals Wirklichkeit werden sollten.

Killing Floor, vgl. S. 35

Jayne Mansfield

Selbst als die renommierte Formation King Curtis and The All Stars ihn als Aushilfsmusiker verpflichtete, besserte sich die Lage kaum, obwohl Jimmy auf der Single *Help Me (Get the Feeling)* – melodisch Van Morrisons Klassiker *Gloria* stark nachempfunden – mitwirkte. Seiner neuen Freundin, der 16-jährigen Prostituierten Diane Carpenter, gestand er: »Wenn ich in einem Jahr noch nicht reich und berühmt bin, werde ich verrückt.« (zit. n. Cross 2006, S. 122) Zunächst einmal aber wurde Diane, die seiner verstorbenen Mutter Lucille ebenfalls auffallend ähnelte, schwanger. Im Februar 1966 brachte sie – fest überzeugt, dass Jimmy der Vater war – ihre Tochter Tamika zur Welt. Hendrix hat sie allerdings nie als sein Kind akzeptiert. Auf Diana folgte Carol Shiroky, Jimmys erste weiße Geliebte. Sie erfüllte ihm einen Herzenswunsch und kaufte ihm bei Manny's in New York seine erste weiße Fender Stratocaster. Die 1954 von Leo Fender entworfene Solid-Body-Gitarre mit ihren drei Tonabnehmern und dem ergonomisch konturierten Korpus wurde in den Händen von Hendrix zu einer »dream machine«, mit der er endlich seine musikalischen Wunschvorstellungen umsetzen konnte.

Vaterfreuden

Die Fender Stratocaster, vgl. S. 128

Im April und Mai hatte Jimmy, ermutigt durch den Folksänger Richie Havens, angefangen, das New Yorker Greenwich Village zu erkunden. Es war das damals hippste Viertel der Stadt, das Zentrum der Gegenkultur, mit einer florierenden Coffehouse-Szene, die von langhaarigen Beatniks, Folkies, Bohemiens und anderen radikalen Paradiesvögeln bevölkert war. Drogen, vor allem das neu entdeckte Acid (LSD), waren

Das »Café Wha?« im Greenwich Village

überall zu haben. Lebensstilexperimente fanden auf den Straßen statt. Im »Café Wha?«, einem dunklen Kellerlokal Ecke MacDougal und Minetta Street, traten die Fugs mit einer Rock-Revue gegen den Vietnamkrieg auf, ein paar Meter weiter im »Gaslight« ging Bob Dylan ein und aus. Hendrix stellte sich dem Besitzer des »Café Wha?« vor, packte seine neue Gitarre aus und fing auf der kleinen Bühne an, ein paar Coverversionen zu spielen. Die wenigen Gäste waren völlig baff. Über Nacht ließ Jimmy seine Gitarre im Club zurück; am nächsten Tag war sie verschwunden. Als er sich ein neues Instrument kaufen wollte, lernte er bei Manny's zufällig den erst 15 Jahre alten Randy Wolfe kennen, der ebenfalls Gitarren ausprobierte. Jimmy war von dessen Spiel angetan und lud ihn spontan für den nächsten Abend ins »Wha?« ein. Der Verkäufer, Jeff »Shunk« Baxter (später Mitglied der Doobie

Brothers), erklärte sich bereit, Bass zu spielen, und schon hatte Hendrix seine erste eigene Gruppe gegründet.

Jimmy James

Da er sich inzwischen Jimmy James nannte – ein weiterer Versuch, seine unsichere Identität hinter einem Pseudonym zu verbergen –, gab er der Band den Namen Jimmy James and The Blue Flames. Bald kam noch der Drummer Danny Casey dazu und Randy Palmer wechselte sich mit Baxter am Bass ab. Man versuchte sich zunächst an Coverversionen von *Like A Rolling Stone*, dem Traditional *House Of The Rising Sun*, an *Hang On Sloopy* von den McCoys oder dem Monster-Hit *Wild Thing* von den Troggs. Doch Jimmy drückte den Stücken einen eigenen Stempel auf, dehnte Drei-Minuten-Songs zu zwölfminütigen Improvisationen aus, die er mit seinem verzerrten Gitarrenton anschärfte. Ein Mitglied der Fugs hatte ihm eine primitive Fuzz-Box gebaut, die den Gitarrensound dreckig übersteuern konnte. Immer häufiger schlich sich jetzt ein Song ein, den Hendrix gerade erst gehört hatte: *Hey Joe* in der langsamen Version von Tim Rose. Hendrix war von der dämonischen Kraft des Lieds ganz hingerissen. An diesem Punkt seiner sich langsam konsolidierenden Karriere entschied er sich für einen weiteren Namenswechsel: Aus Jimmy wurde Jimi – vielleicht in Anlehnung an die damals grassierende Mode des spielerischen »respelling«, wie sie bei amerikanischen Jazzern und Dichtern beliebt war. Wichtiger für seine zunehmende Popularität im Village aber dürfte gewesen sein, dass Jimi eine »schwarze« Bühnenshow mit all den exaltierten Posen eines Little Richard und wilder Gitarren-Gymnastik für ein weißes Publikum hinlegte.

***Wild Thing*, vgl. S. 44**

***Hey Joe*, vgl. S. 106**

Die Geburt von Jimi

Großen Anteil an Hendrix' wachsendem Selbstbewusstsein hatte ein 20-jähriges Model aus Großbritannien namens Linda Keith. Sie war die Freundin des Rolling-Stones-Gitarristen Keith Richards und Ende Mai im Rahmen der 66er-Stones-Tour nach New York gekommen. Im »Cheetah Club« erlebte sie eines der mittelprächtigen Konzerte von Curtis Knight und den Squires, das sie zunächst völlig kaltließ. Doch dann wurde sie auf den Gitarristen aufmerksam, und Hendrix zeigte sich ebenso von ihr beeindruckt: Sie sah fantastisch aus, hatte jede Menge Freunde in der Musikszene, war intelligent, selbstbewusst und ein großer Bob-Dylan-Fan. Zudem war sie mit der psychedelischen Potenz von LSD vertraut und machte Jimi mit dem »weißen« Stoff bekannt. Sein häufiges Insistieren gegenüber Freunden, dass er keine Töne, sondern Farben spiele und die Sounds in seinem Kopf sehen könne, entsprach dem, was der Erfinder von Lysergsäurediäthylamid, der Schweizer Albert Hofmann, selbst über die Wirkung der Droge geschrieben hatte: »Alle akustischen Wahrnehmungen verwandelten sich in optische Empfindungen.« (zit. n. Cross 2006, S. 128)

LSD-Träume

Linda Keith ermunterte Hendrix, sich von den traditionellen Blues-Bindungen zu lösen und im Stile Dylans eigene Songs zu schreiben. Während seiner Auftritte mit den Blues Flames im »Café Wha?« ließ Jimi im Juni 1966 deshalb immer mal wieder Rohfassungen von Eigenkompositionen wie *Foxy Lady* oder *Third Stone From The Sun* einfließen. An einem dieser Abende war Mike Bloomfield zu Gast, Mitglied der Butterfield Blues Band und erklärtermaßen der beste Gitarrist der Stadt. Er erteilte Jimi den endgültigen Ritterschlag: »Hendrix wusste, wer ich war, und an jenem Tag hat er mich regelrecht abgefackelt. Ich kann gar nicht beschreiben, welche Geräusche er seiner Gitarre entlockte. Atombomben fielen, Marschflugkörper schossen durch den Raum. [...] Ich wünschte, ich wüsste, wie er das hinbekommen hat.« (zit. n. Roby 2002, S. 55, Ü. d. A.)

***Foxy Lady* und *Third Stone From The Sun*, vgl. S. 82 und S. 84**

Auch John Hammond Jr., ein Blues-Fanatiker, Kumpel von Bloomfield und den Musikern von The Band, war von Jimis musikalischer Intensität geschockt. Er überredete seinen Vater, den mächtigen CBS-Boss John Hammond, sich den wilden Wunderknaben bei einem seiner raren Auftritte im angesagten »Café Au Go Go« anzuhören. Doch Hammond senior merkte nicht, was für einen ungeschliffenen Diamanten er da vor sich hatte. Selbst der ausgebuffte Andrew Loog Oldham, Manager der Rolling Stones, der sich auf Vermittlung von Linda Keith den »schwarzen Dylan« ansah, ließ ihn sich durch die Finger gleiten. Erst als Linda Chas Chandler ins Spiel brachte, nahm Jimis Schicksal eine glückliche Wendung.

Chandler, Bassist der Animals, war im Rahmen von deren

Abschiedstour in die USA gekommen. Er plante, ins Musikgeschäft einzusteigen, wenn möglich als Produzent, in enger Partnerschaft mit dem Animals-Manager Mike Jeffery. Wie es der Zufall wollte, liebte Chandler damals ebenfalls *Hey Joe* und plante, diesen Song in England neu zu produzieren. Als er sich nun ins »Café Wha?« bemühte, um seiner Bekannten Linda Keith einen Gefallen zu tun, eröffnete Jimi das Set ausgerechnet mit seiner Neuinterpretation von *Hey Joe*, und Chandler konnte sein Glück kaum fassen. Hatte denn noch niemand dieses Riesentalent unter Vertrag genommen? Unglücklicherweise erinnerte sich Jimi im anschließenden Gespräch mit Chandler nur an jene folgenlose Abmachung, die er ein Jahr zuvor mit Juggy Murray von Sue Records getroffen hatte, verschwieg aber – bewusst oder unbewusst – seinen Exklusivvertrag mit Ed Chalpin von PPX. Chandler sah keine Probleme, Hendrix aus der Murray-Verpflichtung freizukaufen, und bot ihm an, ihn nach England zu bringen und ihn dort mit eigener Band zu einem Star zu machen.

Chas Chandlers Glücksgriff

Als Chandler nach Ende der Animals-Tour mit Mike Jeffery im Schlepptau zurückkehrte, war Hendrix überrascht und zugleich ein wenig verunsichert: Warum sollte man ihn in England akzeptieren, hatte man dort nicht schon Supergitarristen wie Jeff Beck und Eric Clapton? Mit welchen Musikern sollte er dort überhaupt spielen? »Wenn du mir garantieren kannst, mich mit Clapton bekannt zu machen, komme ich mit nach London.« (zit. n Roby 2002, S. 57, Ü. d. A.) Chandler gab ihm sein Wort. Am 23. September 1966 stieg Hendrix in eine Pan-Am-Maschine und betrat am nächsten Morgen um neun Uhr in Heathrow britischen Boden. Eines der bewegendsten Rock-Dramen nahm seinen Lauf.

Triumph der Erfahrung: The Jimi Hendrix Experience (1966-1967)

»Swinging London« war 1966 der Nabel der Popwelt. Britische Bands, allen voran die Beatles, dominierten weltweit die Charts. Nirgendwo war die Mode schriller, waren die Haare länger und die Röcke kürzer als in der Hauptstadt der neuen Jugendkultur. Als Hendrix in England eintraf, erhielt er als schwarzer Musiker in der Rockszene sofort einen Authentizitätsbonus – kam er doch aus dem gelobten Land des Blues. Die Beamten in Heathrow sahen das nicht so und verweigerten ihm erst einmal eine Arbeitserlaubnis. Dass er ein Sieben-Tage-Visum erhielt, verdankte sich nur der trickreichen Überredungskunst von Chas Chandler, der behauptete, der dunkelhäutige Musiker sei ein renommierter Komponist, der in England seine Tantiemen eintreiben müsse. Nach der ernüchternden Ankunft häuften sich dann aber die glücklichen Zufälle: Noch auf dem Weg vom Flughafen in die Stadt, bei einem Abstecher zum Haus des Chandler-Freundes und Keyboarders Zoot Money lernte Hendrix die 21-jährige Friseuse und Szene-Schönheit Kathy Etchingham kennen. Sie sollte seine Freundin für die nächsten zwei Jahre werden. Jimi wurde Etchingham übrigens von Moneys Frau als »wild man of Borneo« vorgestellt – eine Bezeichnung, nicht frei von rassistischen Untertönen, die bald von der Londoner Boulevardpresse aufgegriffen wurde.

Kathy Etchingham

Chandler wusste genau, dass die beste Werbung für seinen Protegé eine Mund-zu-Mund-Propaganda in Musikerkreisen sein würde. Deshalb schleppte er Hendrix in der ersten Woche an jedem Abend in einen anderen Club, am liebsten jedoch in den »Scotch of St. James«, wo er mit Londoner Szene-Größen jammen konnte. Nachdem Mike Jeffery schließlich auch das Problem der Aufenthaltsgenehmigung und Arbeitserlaubnis gelöst hatte, konnte Jimi jetzt richtig aufdrehen, und jeder, der ihn hörte, war von seiner kreativen Kraft und seiner exotischen Ausstrahlung hingerissen. So auch Chris Stamp und Kit Lambert, Manager von The Who und Gründer des Labels Track Records, die den neuen Mann im »Scotch« hörten und ihn vom Fleck weg für einen Vorschuss von 1000 Pfund verpflichten wollten – Chandler und Jeffery machten den Deal.

Chandlers größtes Problem war nun, für Hendrix eine passende Band zu finden. Seine erste Idee, ihn als Frontfigur in die bereits bestehende Brian Auger Trinity zu integrieren, scheiterte. Glücklicherweise suchte Eric Burdon gerade neue Mitglieder für seine New Animals und hatte eine Anzeige im

Noel Redding

Melody Maker aufgegeben. Noel Redding, ein 20-jähriger Gitarrist aus Folkestone, Kent, der sich seine Meriten in Bands wie den Burnettes oder Loving Kind erworben hatte, kam am 29. September zu dem Vorspieltermin nach London. Er bekam zwar den Job bei Eric Burdon nicht, wurde aber stattdessen von Chas Chandler gefragt, ob er nicht auch Bass spielen könne. Die Chemie zwischen den beiden stimmte auf Anhieb, und Jimi war nicht zuletzt von Reddings Wuschelkopf à la Dylan angetan. Jetzt ging es Schlag auf Schlag: Am nächsten Tag traf Chandler zufällig Eric Clapton mit dem Bassisten Jack Bruce im »Cromwellian Club« und erzählte von seiner neuen Entdeckung. Die beiden Ausnahmemusiker hatten gerade zusammen mit dem Schlagzeuger Ginger Baker das Trio Cream ins Leben gerufen. Am 1. Oktober sollte die kommende »supergroup« eines ihrer ersten Konzerte am »Regent Polytechnic« in London geben. Jimi wurde umgehend zu dem Gig eingeladen.

Eric Claptons Waterloo

Was dort geschah, machte Hendrix über Nacht zum Mythos: Nach anfänglichen Vorbehalten von Baker einigte man sich

Mit Eric Clapton

darauf, dass Jimi die Howlin'-Wolf-Nummer *Killing Floor* spielen sollte – ein Stück, an das Clapton sich bis dato nicht herangewagt hatte. Nachdem die drei ihren Gast auf der Bühne angekündigt hatte, zog Jimi alle Register. Er jagte mit atemberaubender Intensität durch den Blues-Klassiker, spielte seine Gitarre hinter dem Kopf, mit den Zähnen, zwischen seinen Beinen, auf dem Boden kniend. Das Publikum war von dieser Performance genauso schockiert wie Eric Clapton – prangten doch an Londoner Häuserwänden zu jener Zeit noch die Graffiti »Clapton Is God«.

»Es muss für Eric verdammt schwer gewesen sein, damit klarzukommen, denn er war der Gitarrengott, und da kommt dieser unbekannte Typ daher und brennt lichterloh.« (Jack Bruce über Jimis sensationelles Debüt; zit. n. Thompson 2005, S. 111, Ü. d. A.)

Mitch Mitchell

Nur ein paar Tage später war Jimis eigene Band komplett. Chandler hatte nämlich gehört, dass ein junger Schlagzeuger namens John »Mitch« Mitchell aus Middlesex durch die Auflösung von Georgie Fames Band The Blue Flames frei geworden war. Er wurde zusammen mit dem Drummer Ansley Dunbar zur »audition« eingeladen. Am Ende bekam Mitchell den Job durch Münzentscheid. Es war eine glückliche Fügung, denn aus dem unterschiedlichen Hintergrund der drei Mitglieder entstand eine außergewöhnliche Alchemie: Jimi Hendrix kam aus der Blues-Tradition, Noel Redding war ein Rockbassist mit der Sensibilität eines Leadgitarristen, und Mitch Mitchell hatte einen Jazz-Hintergrund – gemeinsam war man dazu prädestiniert, zu einer der größten Gruppen in der Geschichte der Rockmusik zu reifen. The Jimi Hendrix Experience, der von Mike Jeffery erdachte Bandname, sollte zuallererst den Gitarristen ins rechte Licht rücken. Doch schon bald zeigte sich, dass auch Redding und Mitchell in der Gruppe regelrecht aufblühten und zu musikalischen Leistungen fähig waren, die ihnen vorher niemand zugetraut hatte. Jetzt fehlte nur noch ein starkes Equipment. Hendrix besuchte deshalb Anfang Oktober die Verstärker-Fabrik von Jim Marshall, der die damals leistungsfähigsten Gitarren-Amps in England baute: Türme mit acht 12-Inch-Lautsprechern. Ohne sie wäre das charakteristische Klangdesign der Experience nicht denkbar gewesen.

In London, 1967

Bevor das Trio nach Paris flog, um im Vorprogramm von Johnny Halliday, Frankreichs beliebtestem Popstar, aufzutreten, unterschrieben die drei Bandmitglieder am 11. Oktober Produktionsverträge, die sie für sieben Jahre an Chas Chandler und Mike Jeffery banden: Die beiden erhielten jeweils 20 Prozent aller Einkünfte. An Plattenverkäufen war die Band mit zweieinhalb Prozent der Tantiemen beteiligt, außerdem bekam sie vom Management ein wöchentliches Gehalt für die persönliche Lebenshaltung. Jimi unterschrieb dann sieben Wochen später noch eine gesonderte Vereinbarung mit Yameta, einer Tarnfirma Jefferys auf den Bahamas, um mögliche Gewinne an den englischen Steuerbehörden vorbeizuschleusen. Jeffery sicherte sich so 40 Prozent von Hendrix' Einkünften. Noch wusste niemand, ob überhaupt jemals große Einnahmen der Band zu verteilen sein würden. Zunächst musste Chandler erst einmal ein paar seiner wertvollen Bassgitarren versetzen, um die Technologie der Band zu finanzieren. Der erste öffentliche Auftritt des neuen Power-Trios fand am 13. Oktober in Evreux, Frankreich, statt: Das 15-minütige Set enthielt noch keine Eigenkomposition und bestand aus den vier Titeln *In The Midnight Hour*, *Have Mercy On Me Baby*, *Land Of 1000 Dances* und *Hey Joe*. Doch erst das Schlusskonzert im »Olympia« in Paris vor 14 500 Zuschauern brachte den erhofften Triumph. Zurück in London, deckte sich Jimi erst einmal in den Modeboutiquen der Carnaby Street mit der

hippsten Garderobe ein, die zu haben war: grellbunte Samthosen, reich bestickte Westen, knallige Hemden und vor allem eine alte schwarze, goldbestickte Militärjacke von »Lord Kitcheners Valet«. Es sollte nicht lange dauern, bis Hendrix wegen dieser antiken Jacke mit Londoner Bobbys auf der Straße Ärger bekam: »Ist Ihnen klar, dass unsere Soldaten in dieser Uniform gestorben sind?!« (zit. n Cross 2006, S. 160)
Jimi wurde als exotischer Newcomer in der Londoner Szene herumgereicht, jeder wollte mit ihm spielen. Nach den Aufnahmen ihrer ersten Single *Hey Joe* und der B-Seite *Stone Free* – geschrieben und arrangiert in einer Nacht – war ein Kurztrip nach Deutschland geplant. Die Experience bestritt drei Abende mit jeweils zwei Shows in der Münchner Diskothek »Big Apple«. Per Zufall entstand hier ein weiterer charakteristischer Bühnentrick. Chandler erinnert sich: »Jimi wurde von ein paar enthusiastischen Fans von der Bühne gezogen. Nachdem er sich befreit hatte, warf er seine Gitarre auf die Bühne zurück und sprang hinterher. Als er sie aufhob, bemerkte er, dass der Hals angebrochen war. Er rastete völlig aus. Er packte die Gitarre und zerschmetterte sie voller Wut auf dem Bühnenboden.« (zit. n. Brown 1992, S. 44, Ü. d. A.)
Weil das Publikum dabei ebenfalls ausflippte, entschied man, zukünftig die »Gitarrenzertrümmerung« ins Repertoire der Bühnenshow aufzunehmen.

Die erste Gitarrenzertrümmerung

Es wurde ein kreativer Monat: Fast jeden Abend jammte Jimi in irgendeinem Club oder stand mit der Experience auf der Bühne. Nach einem energetischen Auftritt im »Upper Cut Club«, Forest Gate, schrieb der 24-Jährige am zweiten Weihnachtstag in der Garderobe den Text zu *Purple Haze*. Der Song mit seinem unvergesslichen Riff wurde in den folgenden drei Jahren zu einem Dauerbrenner seiner Konzerte und zu einem All-Time-Rock-Klassiker. Die meisten Hörer sehen bis heute in *Purple Haze* die Transkription eines Acid-Trips.

***Purple Haze*,** **vgl. S. 109**

»Jimi hat kein LSD genommen, als ich ihn kennenlernte. Sein Drogenkonsum beschränkte sich auf ein paar Pints Bitter und ab und zu mal einen Joint.« (Bassist Noel Redding über die ersten Monate mit Hendrix; zit. n. Egan 2002, S. 110, Ü. d. A.)

Zwar war der Konsum von Speed und Marihuana in der Londoner Musikszene an der Tagesordnung, LSD aber kam gerade erst auf. Während Hendrix in den USA kaum Alkohol getrunken hatte, fand er jetzt am englischen Bier Gefallen. Auch gewöhnte er sich an, Kette zu rauchen – oft selbstgebastelte Haschzigaretten. Es sollte sich in den nächsten Monaten noch zeigen, dass Alkohol auf ihn eine weitaus verheerendere Wirkung hatte als die ungeheuren Drogenmengen, die er konsumierte – von Kokain, Heroin über Seconal und Quaaludes bis zu Acid.

Von diesen Exzessen war Ende 1966 noch nicht viel zu spüren. Vielmehr befand sich Jimi in einem regelrechten Kreativitätsrausch. Er schrieb beinahe jeden Tag einen neuen Song, die Arbeit am ersten Album der Experience lief auf Hochtouren. Kaum ein Tag des noch jungen Jahres 1967 aber sollte produktiver verlaufen als der 11. Januar. Jimi unterschrieb vormittags seinen Plattenvertrag mit Track Records, dann spielte er nachmittags den Basic-Track von *Purple Haze*, Demo-Versionen von *The Wind Cries Mary* und *51 Anniversary* ein, um am Abend noch zwei Konzerte im »Bag O'Nails« zu geben. Wohl nie wieder in der Rockgeschichte dürfte sich ein derart illustres Publikum versammelt haben. In dem engen Nachtclub in Soho saßen u. a. Eric Clapton, Pete Townshend, John Lennon, Paul McCartney, Ringo Starr, Mick Jagger, Brian Jones, Brian Epstein, Donovan, Jeff Beck, Jimmy Page, Lulu, die Hollies, die Small Faces, die Animals und Roger Mayer. Als Jimi seine Version der aktuellen Nr. 1 der britischen Charts ankündigte, machte sich zunächst Irritation breit: *Wild Thing* von den Troggs hielt die versammelte Rock-Aristokratie allenfalls für einen billigen Pop-Hit. Doch was Hendrix aus dem Song machte, ließ die Anwesenden erblassen. Er trieb die schlichte Akkordstruktur des Lieds durch ein Inferno aus melodischem Feedback und löste sie in furiosen Improvisationen auf. Die Experience wirkte einmal mehr wie eine Ein-Mann-Gitarren-Explosion. Der überlieferte Dialog des Rolling-Stones-Gitarristen Brian Jones mit dem Sänger Terry Reid auf der Club-Toilette mag die Stimmung an jenem Abend verdeutlichen: »Pass auf, da vorn ist alles nass!« »Wieso, ich sehe gar kein

The Wind Cries Mary, vgl. S. 111

The Jimi Hendrix Experience, 1967

Wasser?« »Es ist nass, weil da die ganzen Gitarristen stehen und sich die Augen ausheulen.« (zit. n. Cross 2006, S. 164) Der vielleicht wichtigste Mann des Abends war für Hendrix der Elektronikspezialist Roger Mayer, der bereits mit Beck und Page zusammengearbeitet hatte. Er war von Jimis Performance so angetan, dass er später anbot, für Hendrix spezielle Effektgeräte wie z. B. den »Axix-Fuzz«-Verzerrer oder das berühmte »Octavia« zu bauen.

Unmittelbar nach der Veröffentlichung von *Purple Haze* nahm die Experience an einer landesweiten »package tour« teil. Die Zusammenstellung dieser Tournee durch englische Filmtheater war bizarr: Die Experience sollte neben dem Pop-Trio The Walker Brothers, dem Folkmusiker Cat Stevens und dem Schnulzensänger Engelbert Humperdinck auftreten – eine grandiose Fehlplanung, was die Gegensätze der Stile und Temperamente anging. Vor dem ersten Konzert im »Finsbury Park Astoria«, London, überlegten Hendrix und Chandler zusammen mit dem Journalisten Keith Altham, wie man mit dieser Tour dennoch in die Schlagzeilen kommen könne. Altham machte spaßeshalber den Vorschlag: Jimi könnte doch seine Gitarre anzünden! Man probierte den Trick ein paar Mal in der Garderobe, und er funktionierte, weil ja nicht die Solid-Body-Gitarre brennen musste, sondern nur das Benzin auf ihrem Korpus. Am Ende des Songs *Fire* vom kommenden Album bespritzte Hendrix dann auf der Bühne seine Gitarre mit Feuerzeugbenzin, und nach mehreren Versuchen loderten tatsächlich Flammen auf. Jimi packte die brennende Gitarre, die nach wie vor brüllende Geräusche von sich gab, und wirbelte sie wie einen Windmühlenflügel durch die Luft. Das Publikum hielt völlig entgeistert den Atem an. Schließlich kam ein Bühnenarbeiter und löschte den Brand. Die anwesende Feuerwehr stellte die Band zur Rede, und nur mit größter Mühe konnte Chandler eine Anzeige wegen Brandstiftung verhindern.

Fire, vgl. S. 84

Der Vorfall demonstriert, wie die berühmten Destruktionseffekte, die in ihrer vermeintlichen Spontaneität provozierend und vulgär erschienen, in Wahrheit von Hendrix kühl kalkulierend geplant wurden. Wenn ihm Kritiker diese öffentlichkeitswirksame, strategische Zerstörungswut vorwarfen – »Was dieser Mann mit der Gitarre macht, könnte ihm eine Gefängnisstrafe wegen tätlicher Beleidigung einbringen« (zit. n. Roby 2002, S. 65, Ü. d. A.) –, wiegelte Hendrix jedoch ab. Das sei eine ganz natürliche Angelegenheit, ein fließendes Zusammenspiel aus Sound, Instrument und Körperempfinden. Im Frühjahr 1967 konnte ganz England erleben, welche Showqualitäten der neue Hohepriester des Rock besaß: Die Experience tourte durch die Provinz und ließ auch in der Hauptstadt keine Gelegenheit aus, in den angesagten Clubs zu spielen. Konzertankündigungen warben: »Achtung, nicht verpassen! Dieser Mann vereinigt Dylan, Clapton und James Brown in einer Person.« (zit. n. Cross 2006, S. 168) Anfang März ging es wieder für ein paar Tage nach Paris, anschließend durch Belgien und Holland nach Hamburg, wo Hendrix vom 17. bis zum 19. März fünf Auftritte im »Star Club« und einen im Sendesaal des NDR absolvierte. Zwei Monate später hinterließ die Experience in Dänemark, Schweden und Finnland ihre Spur rockmusikalischer Verwüstung. Hauptziel war jetzt die weltweite Promotion der Jimi Hendrix Experience, denn im März hatte Mike Jeffery der Plattenfirma Warner Bros. die Veröffentlichungsrechte in Amerika für satte 150 000 Dollar verkauft – damals eine Rekordsumme. Doch der eigentliche Clou war die Wahl von Jimis Entrée in den amerikanischen Markt: ein Festival im kalifornischen Monterey.

»Ich war wütend. Denn er kam nach England und wir gingen damals mit Cream nach Amerika um *Disreali Gears* aufzunehmen. Als wir nach England zurückkehrten, interessierte sich kaum jemand dafür, weil du in jedem Club nur gefragt wurdest: ›Mensch, hast du Jimis Album gehört?‹« (Eric Clapton konnte seine Eifersucht auf den kommerziellen Erfolg von Jimis Debütalbum kaum verhehlen; zit. n. Roby 2002, S. 73, Ü. d. A.)

Der Grund, warum *Are You Experienced?*, erschienen am 12. Mai 1967, nicht auf Platz 1 der englischen LP-Charts kletterte, lag darin, dass die Beatles fast zeitgleich ihr Jahrhundertwerk *Sgt. Pepper's Lonely Hearts Club Band* veröffentlichten. Doch Hendrix verwandelte selbst diese Konkurrenzsituation in einen Coup: Am 1. Juni 1967 erschien *Sgt. Pepper*, drei Tage später sollte die Experience vor ihrer Amerikareise noch zwei sogenannte Goodbye-England-Konzerte im Londoner »Saville Theatre« geben, das dem Beatles-Manager Brian Epstein gehörte. Dreißig Minuten vor seinem Auftritt kam Jimi mit dem *Pepper*-Album in die Garderobe und hielt es seinen beiden Mitmusikern Redding und Mitchell mit den Worten hin: »Damit fangen wir an!« Sie hatten dreißig Minuten Zeit, den Titelsong zu üben. Paul McCartney erinnert sich: »Der Vorhang flog zur Seite und Jimi kam auf die Bühne, *Sgt. Pepper* spielend.« (zit. n. Black 1999, S. 95, Ü. d. A.) Nicht allein die anwesenden Beatles und Brian Epstein, sondern auch andere

Are You Experienced?, **vgl. S. 82**

Sgt. Pepper's Lonely Hearts Club Band

Musiker im Publikum wie z. B. Eric Clapton, Spencer Davis und Jack Bruce verstanden die Botschaft sofort: Es war nicht nur mutig, sondern eine gelungene Provokation, die Beatles mit ihrem gerade erst erschienenen Nr.-1-Erfolg sozusagen auf »heimischem Boden« zu schlagen.

Ein Gerücht wird zur Legende: Monterey und die Folgen (1967-1968)

Paul McCartney war seit Jimis Ankunft in England ein erklärter Fan des Gitarristen. So konnte es nicht verwundern, dass er als Berater den Programmmachern des International Pop Music Festival Monterey neben The Who die Jimi Hendrix Experience als wichtigste britische Band vorschlug. Außerdem waren der indische Sitar-Virtuose Ravi Shankar gebucht, Otis Redding, Lou Rawls, Booker T and The MGs, Hugh Masakela und Electric Flag. Die New Animals von Eric Burdon spielten neben Big Brother and The Holding Company feat. Janis Joplin, Jefferson Airplane und den Mamas and Papas. Pop meets Rock meets Folk meets Black Music. Gegensätzliche Welten begegneten sich auf dem Festival: Vor der Bühne glaubte das Publikum, an einem Event teilzuhaben, der helfen würde, die Gesellschaft zu revolutionieren. Hinter der Bühne verhandelten in knallhartem Geschäftsklima Manager, Talentscouts von Plattenfirmen und Konzertveranstalter über den nächsten »hot shot«.

Obwohl offiziell nur etwa 7 500 Besucher pro Abend auf das eigentliche Festivalgelände durften, wurden am Ende doch rund 30 000 Zuschauer Zeuge von Hendrix' amerikanischer Wiedergeburt. Er war verunsichert und hatte ein bisschen Angst, in dem Land aufzutreten, in dem er es doch nie zu etwas gebracht hatte. Die Festivaltage verbrachte Jimi vornehmlich in Gesellschaft von Brian Jones und Eric Burdon. Er jammte mit anderen Musikern, wo immer es ging, und verzierte seine vier weißen Fender-Stratocaster-Gitarren eigenhändig mit Schnörkeln und Paisley-Mustern: »Das Raumschiff wird heute Nacht definitiv abheben!«, vertraute er Burdon am Abend seines Auftritts voller Vorfreude an (zit. n. Shapiro / Glebbeek 1990, S. 189, Ü. d. A.). Doch zunächst musste

The Who

ein Konflikt gelöst werden: Sowohl The Who als auch die Experience wollten zuerst auftreten. Waren doch beide Bands für ihre publikumswirksamen Destruktionsorgien auf der Bühne bekannt. Keiner wollte sich vom anderen die Show stehlen lassen. Schließlich musste John Phillips eine Münze werfen, um zu entscheiden, wer von beiden am 18. Juni 1967 den Vortritt bekam. Jimi verlor.

Wie ein Überfallkommando nahmen The Who von der Bühne Besitz. Erwartungsgemäß zertrümmerte Townshend während *My Generation* seine Gitarre, Keith Moon trat sein Schlagzeug zu Müll, Rauch stieg auf, und eine Atmosphäre latenter Gewalttätigkeit lag in der Luft. Das Publikum spürte diese unkontrollierbare Spannung und war nicht mehr bereit, sich hinzusetzen. Als anschließend Grateful Dead auf die Bühne kamen, wirkte das trotz ihrer energetischen Musik wie die Ruhe vor dem Sturm. Dann trat Brian Jones ans Mikrophon: »He's the most exciting performer I've ever heard – The Jimi Hendrix Experience.« Mit gelb-weiß gestreiftem Rüschenhemd, einer Federboa, roter Samthose, goldbestickter schwarzer Weste, goldenen Amuletten, einem rot-weiß gepunkteten Tuch um die Hüften geschlungen erschien Hendrix als Paradiesvogel des Pop. Die Band krachte sofort in ihren ersten Song *Killing Floor*. Nach *Foxy Lady* spielte sie mit *Like A Rolling Stone* eine Hommage an Hendrix' Hero Bob

Monterey, 1967

Dylan. Die Atmosphäre wurde immer hitziger, ein Flächenbrand der Gefühle lag in der Luft.

Jimi warnte das Publikum mit sanfter Stimme, dass man sich jetzt am besten die Ohren zuhalte: »So we're gonna play the English and American anthem combined, okay!« Zur Einstimmung zelebrierte er eine Minute lang eine kalkulierte Kakophonie aus kreischenden Sounds, pfeifendem Feedback und jaulenden Akkordsplittern. Seine Gitarre war inzwischen hoffnungslos verstimmt. Doch wen störte das schon – Mitchell trieb mit wilden Wirbeln das Trio in den Song *Wild Thing*. Und Jimi zog alle Register: Spielte jetzt die Gitarre zwischen den Beinen, auf den Knien, hinter dem Rücken. Er knallte sie vor den Verstärker, rammte den Hals in die Lautsprecherboxen, setzte sich rittlings auf das Instrument. Wie von Sinnen riss Hendrix am Vibratohebel seiner Strat, zitierte mit nur einer Hand für Sekunden Frank Sinatras *Strangers In The Night*. Dann legte er mit zärtlichem Gestus die Gitarre als Opfergabe auf den Boden, streichelte sie mit seinen Händen und ejakulierte in fast obszöner Pose Feuerzeugbenzin aus einer »Ronson«-Dose auf den Instrumentenkörper. Noch einmal – wie zum Abschied – küsste er ihren Hals und zündete die geliebte Gitarre an. Flammen züngelten hoch, Hendrix kniete sich vor das Kultobjekt und lockte wie ein Voodoopriester die Flammen mit beschwörenden Handbewegungen empor. Dann griff er sich das brennende Instrument, wirbelte es wie einen Baseballschläger durch die Luft und knallte es einmal, zweimal auf den Bühnenboden, bis sich der Gitarrenhals vom Body löste. Während der ganzen Aktion blieb die Gitarre an die Marshall-Verstärkertürme angeschlossen und gab Geräusche von sich wie ein waidwundes Tier. Am Ende schleuderte Hendrix ihre Einzelteile in die Zuschauer. Das Publikum war fassungslos angesichts dieser Gewaltorgie in Form eines ekstatischen Liebesakts.

Wild Thing

Kult-Opfer

Dabei war es nicht so sehr die Zerstörung der Gitarre, die die Gemüter erhitzte. Es waren die offensichtliche Sexualität und charismatische Chuzpe vor rund 1200 versammelten Journalisten und laufenden Filmkameras, mit denen Jimi an die körperbetonten, afro-amerikanischen Techniken im Rhythm 'n'

»Mir gefiel seine Musik, aber als er anfing, mit seiner Gitarre obszöne Sachen zu machen, und sie verbrannte, wurde ich traurig. In unserer Kultur begegnen wir Musikinstrumenten mit Respekt. Jimi Hendrix hat deshalb in meinen Augen ein Sakrileg begangen.« (Ravi Shankar über Jimis Monterey-Auftritt; zit. n. Black 2004, S. 98, Ü. d. A.)

Blues gemahnte. Mit dieser planvollen Destruktion revolutionierte Hendrix die Kunst der Bühnendarstellung. »Gitarrenzerstörung« war mit Hendrix' Monterey-Auftritt endgültig zu einem ästhetischen Akt, zu einer künstlerischen Performance geworden. Sie glich für ihn einem Opferritual: »Man opfert nur die Dinge, die man liebt. Und ich liebe meine Gitarre.« (zit. n. Hendrix / McDermott 2007, S. 28, Ü. d. A.) Hendrix hat nur dreimal in seinem Leben eine Gitarre verbrannt: in London, Miami und Monterey. Die erste Gitarre, die er anzündete, jene Fender Stratocaster, die am 31. März 1967 im Londoner Hotel Astoria in Flammen aufgegangen war, wurde Vgl. S. 135 restauriert und kam erneut auf dem Miami Pop Festival am 18./19. Mai 1968 als Brandopfer zum Einsatz. Für Hendrix ging es dabei eben nicht um bloße Destruktion, sondern darum, die Zerstörung an einem bestimmten Punkt der Performance in Kreativität umschlagen zu lassen: das Destruktive sollte transzendiert und in etwas Schöpferisches verwandelt werden.

Bill Graham, Betreiber des »Fillmore West« in San Francisco, hatte das künstlerische wie kommerzielle Potential der Experience sofort erkannt und buchte die Band für zwölf triumphale Auftritte in seinem Rocktempel. Anschließend ging es über Houston und Los Angeles nach New York. Dort trat die Experience auf dem Rheingold Festival im Central Park auf und sorgte mit ihrer furiosen Bühnenshow einmal mehr für Kontroversen. Joe Bogart, Programmdirektor der mächtigen WMCA-Radiostationen, der mit seiner zwölfjährigen Tochter das Konzert besuchte, war über die vermeintliche Vulgarität des Auftritts außer sich. Er schwor, dass sein Sender niemals eine Hendrix-Platte spielen würde. Der Bannspruch kam der

Band äußerst ungelegen, war doch gerade zwei Wochen zuvor *Purple Haze* als zweite Single in den USA veröffentlicht worden.

The Monkees

Noch skandalöser verlief anschließend eine Tournee, auf der die Experience als Vorgruppe der Monkees gebucht war. Die Sugar-Pop-Retortenband aus Hollywood verdankte ihre Popularität bei amerikanischen Teenies zuallererst ihrer wöchentlichen TV-Show mit Albernheiten im Stil des Beatles-Films *A Hard Days Night* – weniger ihrer musikalischen Kompetenz. Sobald Jimi Hendrix ein Stück wie *Purple Haze* anstimmte, kreischten die Kids nur »We want Daavvy!«. Damit war Davy Jones gemeint, Schauspieler und Leadsänger der Monkees. Die Tourkombination erwies sich als Desaster, und Noel Redding spricht in seinen Erinnerungen nur von »Screamsville«. Weil die Musik von Jimi in den Ohren der Halbwüchsigen und ihrer Eltern »obszön« klang, stieg die Experience nach nur fünf Konzerten aus der Tour aus. Befreit vom Termindruck, kehrte Hendrix nach New York zurück und spielte mehrfach in seinen alten Wirkungsstätten im Greenwich Village, dem »Café Au Go Go« und dem »Gaslight« – jetzt nicht mehr als der unbekannte Jimmy James, sondern als neugeborener

Frank Zappa

Star. Bei Frank Zappa, der im Juli 1967 mit seinen Mothers of Invention im Garrick Theatre spielte, schaute sich Hendrix den Gebrauch des gerade erst erfundenen Wah-Wah-Pedals ab. Wegen seines lautmalerischen Effekts so genannt, handelt es sich dabei um einen mit dem Fuß gesteuerten Bandpassfilter, der den Gitarrenton extrem moduliert: Tritt man das Pedal nach unten, wird der Ton dumpf gedämpft, drückt man es hoch, erstrahlt er in gleißenden Höhen. Am nächsten Tag kaufte er sich bei Manny's auch so ein Effektgerät und setzte es gleich exzessiv bei den Aufnahmen zur neuen Single ein. Mitte Juli nahm er mit der Experience in den New Yorker

***Burning Of The Midnight Lamp*, vgl. S. 93**

Mayfair Studios den Song *Burning Of The Midnight Lamp* auf: Ein Paradebeispiel für die mittlerweile sprachähnlichen Fähigkeiten von Jimis Wah-Wah-Pedalarbeit.

Auch seinen alten Produzenten Ed Chalpin von PPX Records traf er in New York wieder. Der Vertrag, den Hendrix im Oktober 1965 bei ihm unterschrieben hatte, sollte sich nun als

Bumerang erweisen: Chalpin versuchte nicht nur, weitere Aufnahmen der Jimi Hendrix Experience zu verhindern, er wollte jetzt auch den Löwenanteil an den Einnahmen der Band kassieren. Umso merkwürdiger mutet an, dass Jimi im Sommer 1967 in New York weitere sechs Aufnahmen (darunter *Flashing* und *Hush Now*) mit Curtis Knight für PPX einspielte. Natürlich ließ Chalpin sich die Chance nicht entgehen und veröffentliche das Material auf zwei LPs, was die rechtliche Situation noch schwieriger machte.

Nach zahlreichen Jam-Sessions mit John Hammond im »Gaslight«, den Mothers of Invention im »Café Au Go Go«, mit Ted Nugent, B. B. King und Al Kooper im »Generation Club« flog die Experience an die Westküste. Wieder einmal krankten die beiden Konzerte in der »Hollywood Bowl« an ihrer heterogenen Zusammenstellung: Jimi war zusammen mit den Mamas and Papas und dem Blumenprediger Scott McKenzie verpflichtet worden. Wie schon auf der Monkees-Tour musste er hier für ein Publikum spielen, das in seiner Hippie-Seligkeit von den Sound-Attacken des Trios nicht viel wissen wollte: »Wir starben 1000 Tode«, gestand Noel Redding später (zit. n. Shapiro / Glebbeek 1990, S. 205, Ü. d. A.). Am 21. August kehrte die Experience nach London zurück. Zum Problem wurden jetzt die wachsenden Ausgaben der Bandmitglieder und ihrer immer größer werdenden Entourage. Ein kurzfristig anberaumtes Fernsehkonzert in Berlin, sieben ausverkaufte Auftritte in Schweden und die ersten BBC-Studiokonzerte – eines davon mit Stevie Wonder am Schlagzeug – brachten im September ein bisschen Geld in die Kasse. Die begann richtig zu klingeln, als am 1. Dezember mit *Axis: Bold As Love* das heiß ersehnte zweite Album der Experience auf den Markt kam.

***Axis: Bold As Love*, vgl. S. 86**

»Das ist einfach zu viel. Lasst eure Ohren staunen, euren Geist erschrecken, blinzelt mit den Lidern, macht was ihr wollt, aber bitte hört euch Hendrix an, wie ihr ihn noch nie vorher gehört habt – es ist einfach zu viel.« (Der *Melody Maker* in einer überschwänglichen Reaktion auf *Axis: Bold As Love*; zit. n. Shapiro / Glebbeek 1990, S. 23, Ü. d. A.)

Als Hendrix am Silvesterabend – inzwischen 25 Jahre alt – während einer Party im Londoner »Speakeasy Club« spontan eine 30-minütige Rock-'n'-Roll-Version von *Auld Lang Syne* anstimmte, ging ein turbulentes Jahr für ihn zu Ende. Nach 255 Konzerten, aufreibenden Tourneen und zwei Albumveröffentlichungen machten sich erste Anzeichen von Müdigkeit und Erschöpfung bemerkbar: »Ich würde gern mal sechs Monate Pause einlegen und auf eine Musikhochschule gehen. [...] In meinen Stücken möchte ich in extremen und ganz gegensätzlichen Strukturen auch mal Streicher und Harfen einsetzen.« (zit. n. Shapiro / Glebbeek 1990, S. 235, Ü. d. A.) Doch der triviale Tourneezirkus ging im neuen Jahr gleich weiter. Am ersten Abend einer Konzertreise durch Dänemark und Schweden flippte Jimi in Göteborg aus: In einer Panikattacke, der fatalen Mischung aus Alkohol und Drogen geschuldet, zertrümmerte er sein Hotelzimmer und musste die Nacht in einer Gefängniszelle verbringen. Jimis Konsum von Schlaftabletten, Aufputschmitteln und LSD-Trips hatte inzwischen beängstigende Formen angenommen. Noel Redding erinnert sich: »Es war ein neues Spiel, eine Art Russisch-Roulette: Wer wird zuerst high? Anstatt sich eine Pistole an den Kopf zu halten, ging es bei uns darum: Wer verträgt am meisten. [...] Wenn ich zwei Pillen nahm, nahm Jimi vier. Wir wurden verrückt davon und flogen deshalb nicht selten aus unseren Hotels.« (Redding / Appleby 1990, S. 71, Ü. d. A.) Hendrix spürte, dass er dringend ein wenig Abstand vom »rock race« brauchte: 15 Monate hatte die Experience nonstop im Studio und auf Konzertbühnen gearbeitet, doch als Jimi Ende Januar auf seinen Kontoauszug schaute, sah er dort lediglich ein Guthaben von 317 Pfund und 6 Pence – irgendetwas lief hier mit der Einkommensverteilung gewaltig schief.

In den USA war sich Anfang 1968 die Kritik noch uneins über den künstlerischen Wert von Hendrix' Musik. Man feierte ihn zwar gern als »Gitarrengott«, nahm ihn jedoch als Sänger und Songwriter nicht weiter ernst. Das sollte sich ändern, als die Experience am 1. Februar zu ihrer ersten großangelegten US-Tour – mit der Underground-Jazzrock-Formation The Soft Machine als Vorgruppe – in San Francisco eintraf. Nach triumphalen Konzerten im »Fillmore West« und im »Winterland« und sechs weiteren Auftritten in Kalifornien kehrte Jimi am 12. Februar nach siebenjähriger Abwesenheit in seine Heimatstadt zurück. Die *New York Times* nannte ihn inzwischen »The Black Elvis«, und der Promoter und Fillmore-Besitzer Bill Graham erinnert sich in seinen Memoiren an Jimis Ausstrahlung: »Nach Otis Redding war er der erste Schwarze in der Geschichte dieses Landes, auf dessen Körper weiße Frauen im Publikum ungeachtet seiner Hautfarbe scharf waren.« (zit n. Cross 2006, S. 193) Als Jimi auf dem Flughafen von Seattle landete und von seiner Familie begrüßt wurde, war er nervös und ein wenig ängstlich. Doch als Al, der inzwischen wieder geheiratet hatte, seinen berühmten Sohn jetzt sah, umarmte er ihn stolz und hieß ihn zu Hause willkommen. Auch seine neue japanische Stiefmutter Ayako mit ihrer Tocher Janie und sein Bruder Leon begrüßten den Heimkehrer herzlich. Abends beim Konzert in der »Center Arena« achtete Jimi peinlichst darauf, nur ja keine obszönen Bewegungen mit seiner Gitarre zu machen und seine Familie in der ersten Reihe nicht zu brüskieren.

The Black Elvis

Der Termindruck der US-Tour entwickelte sich zum Alptraum: Die Experience hatte in 51 Tagen Konzerte in 49 Städten zu geben, die oft 1000 Meilen und mehr auseinander lagen. Noel Redding erinnert sich, dass sich schnell ein nervtötender Kreislauf etablierte, eine ewige Wiederkehr des Gleichen: Konzert, After-Show-Party, Drogenkonsum, vielleicht noch ein bisschen schnellen Sex, benebeltes Aufwachen am nächsten Morgen, endlose Stunden im Bus oder Flugzeug, Konzert – und das Ganze von vorn. Gleichwohl gab die Experience weiterhin brillante Konzerte. Ob in San Antonio, Philadelphia oder im kanadischen Ottawa, Jimi hob bisweilen in den langen Spannungsbögen seiner Improvisationen regelrecht ab. Da konnte es schon einmal vorkommen, dass er die Blues-Nummer *Red House* in einem 17-minütigen Sound-Inferno bis zur Unkenntlichkeit verfremdete. Als peinliche Episode – nicht für Hendrix, sondern für den exhibitionistischen Jim Morrison von den Doors – ging am 7. März eine Jam-Session im »Scene Club« in New York als Bootleg-Aufnah-

***Red House*, vgl. S. 83**

Der Jim-Morrison-Skandal

me in die Rock-Annalen ein. Jimi spielte gerade zusammen mit Rick Derringer (The McCoys) zum ersten Mal live seinen Blues *Bleeding Heart*, als ein völlig betrunkener Mann auf die Bühne kletterte und anfing, Obszönitäten ins Publikum zu schreien und dabei Jimis Gitarre zu befingern. Nachdem er nur noch lallend auf dem Bühnenboden herumkroch, erklärte Hendrix dem Publikum ganz cool, das sei eben Jim Morrison. Die beiden gerieten vier Wochen später ein zweites Mal aneinander, als Morrison sich – wieder betrunken – bei einem Konzert der Experience in Montreal nach vorne drängelte und Jimi lautstark bat, ihn auf die Bühne zu holen und mitspielen zu lassen. Der ließ ihn selbstbewusst erneut abblitzen.

Hommage an Luther King, **vgl. S. 94**

Zwei Tage nach diesem Konzert, am 4. April 1968, wurde Martin Luther King, der charismatische Führer des »Civil Rights Movement«, in Memphis erschossen. Überall im Land brachen Rassenunruhen aus, und die Experience sollte am Tag danach mitten im Schwarzen-Viertel von Newark auftreten. Von entferntem Gewehrfeuer und Panzerfahrzeugen an den Straßenkreuzungen begleitet, traf die Band in der »Symphony Hall« ein und durfte auf polizeiliche Anordnung von zwei geplanten Konzerten nur eines geben. Jimi nutzte die Situation, um mit seiner Blues-Gitarre die Grabrede auf jemanden zu halten, dessen Versöhnungsbereitschaft und Politik der Gewaltlosigkeit er immer bewundert hatte.

> »Jimi kam ganz ruhig auf die Bühne und sprach mit leiser Stimme ins Mikro: ›Das folgende Stück ist für einen Freund von mir.‹ Dann begann er mit einer Improvisation von außergewöhnlicher Schönheit, und jeder spürte sofort, dass mit diesem Freund Martin Luther King gemeint war. Die Musik drückte den ganzen Schmerz der schwarzen Bevölkerung aus. Das Publikum begann vor Rührung zu weinen.« (Der Lightshow-Pionier Marc Boyle über Hendrix' King-Widmung; zit. n. Brown 1999, S. 90, Ü. d. A.)

Electric Ladyland, **vgl. S. 89**

Im Frühjahr pendelte Hendrix in den USA zwischen Aufnahmesessions für das dritte Album der Experience *Electric Ladyland* und Konzertterminen hin und her. Oft schrieb er, während er im Taxi zu einem Gig gebracht wurde, an Songs, die er am nächsten Tag im New Yorker Studio »Record Plant« ausprobieren wollte. An ruhige, kontinuierliche Arbeit war nicht zu denken, zumal weiterer Ärger ins Haus stand. Mitte April scheiterte eine außergerichtliche Einigung mit Ed Chalpin: Chas Chandler und Mike Jeffery hatten vergeblich versucht, Jimi aus seinem noch immer wirksamen Vertrag mit PPX durch Einmalzahlung einer Summe von 70 000 Dollar herauszukaufen. Inzwischen hatte seine Plattenfirma Track Records in Europa die Greatest-Hits-Sammlung *Smash Hits* auf den Markt geworfen – Song-Material, von dem auch Chalpin Tantiemen beanspruchte. Doch der Druck, endlich ein neues Studioalbum fertigzustellen, wuchs weiter. Zu den Groupies, die während der Aufnahmesessions im »Record Plant« ständig um Jimi herumkreisten, gehörte auch eine schwarze Schönheit namens Devon Wilson. Ihre Härte, ihre Abgebrühtheit, ihre vielfältigen Drogenerfahrungen und nicht zuletzt ihre Direktheit – all das faszinierte Hendrix. Also versuchte sie sich erfolgreich als seine »soziale Sekretärin«, als persönliche Assistentin und exklusive Geliebte. Schon bald bewohnte er in New York mit ihr ein Apartment in der 12. Straße.

Chandlers Ausstieg

Entnervt vom langsamen Fortgang der Aufnahmen, verärgert über fehlende Disziplin im Studio quittierte Chas Chandler am 8. Mai seine Mitarbeit als Produzent. Nach dem Ausschei-

Mit Mitch Mitchell im Studio, 1967

den seines väterliches Freundes und einstigen Entdeckers kam Hendrix nie wieder in den Genuss eines fürsorglichen, empathischen Managements, das den schwelenden Konflikt zwischen einem experimentierfreudigen Musiker und seiner Funktion als hochtourige »Geldmaschine« ausbalancieren konnte. Mike Jeffery war nämlich der festen Überzeugung, nur auf Tourneen und nicht im Studio seien große Gewinne zu erzielen. Also schickte er die Experience erst einmal wieder auf die Reise: Nach begeisternden Auftritten in Italien, der Schweiz, England und Spanien, leider bis heute unveröffentlichten Jam-Sessions mit den Gitarrenkollegen Eric Clapton und Jeff Beck im New Yorker »Scene Club«, stand ab Ende Juli schon die nächste aufreibende US-Tournee auf dem Programm. In Louisana weigerte man sich in einigen Drive-Ins demonstrativ, Hendrix zu bedienen, während der Auftritt im »Pacific Coliseum« von Vancouver ihm nachhaltig die Laune verdarb. Jimi war froh, für seine im Publikum anwesende Großmutter Nora spielen zu dürfen, und widmete ihr den Song *Foxy Lady*. Doch ein Rassist unter den Zuschauern brüllte lauthals »Hey Nigger!«, was die Stimmung augenblicklich kippen ließ.

Eric Clapton und Jeff Beck

Während dieser Tour begann Jimi sein Image zu hassen. Er war es leid, den wilden Mann zu spielen, der seine Gitarre verbrennt oder zertrümmert. Oft schien das Publikum sich nur mit einer einzigen Frage zu beschäftigen: »Will he burn it?« Nicht nur während der sechs Konzerte im »Winterland« von San Francisco vom 10. bis 12. Oktober lautete die Antwort: »Nein!« Hendrix wollte jetzt vielmehr seine Konzerte wie lockere Jam-Sessions wirken lassen. Er lud andere Musiker ein, die Experience zu ergänzen: den Bassisten Jack Casady, Virgil Gonzales an der Flöte oder den Organisten Herbie Rich. Noel Redding, der sich schon während der langen *Electric-Ladyland*-Sessions häufig aus dem Gruppenverbund gelöst hatte, entwickelte zudem Ambitionen, die Band zu verlassen und seine Songschreiber-Fähigkeiten einer neuen Formation namens Fat Mattress zur Verfügung zu stellen (die »Fette Matratze« war eine Anspielung auf ein beliebtes Drogenversteck).

Immer häufiger ließ Hendrix während dieser US-Tournee ein Instrumental in seine Konzerte einfließen, das bald darauf untrennbar und fast mythisch mit seinem Namen verbunden sein sollte. Glaubt man den Recherchen von Tony Brown, dann hat Jimi erstmals am 17. August 1968 – genau ein Jahr vor seinem geschichtsmächtigen Woodstock-Auftritt – im Municipal Auditorium von Atlanta die amerikanische Nationalhymne *The Star Spangled Banner* durch das Fegefeuer einer Geräuschorgie gejagt. Auch während des nachfolgenden Konzerts in der Hollywood Bowl vor 18 000 Zuschauern ließ er das hymnische Heiligtum aus dem Feedback-Schluss von *Wild Thing* neu auferstehen. Kaum jemand nahm im Sommer 1968 an diesem vermeintlich nationalen Sakrileg Anstoß. Allein der Kritiker Nat Freedland bemängelte halbherzig, es handele sich dabei um eine »langgezogene, disharmonische Abhandlung – was, genauso genommen, noch lange keine geile Melodie ausmacht« (zit. n. Cross 2006, S. 213).

The Star Spangled Banner, vgl. S. 120

Nach der Veröffentlichung des *Electric-Ladyland*-Albums am 25. Oktober in England – fünf Wochen zuvor war es in den USA auf den Markt gekommen – spielte Hendrix am 29. Oktober in den TTG-Studios von Los Angeles eine denkwürdige Version seines *Red-House*-Blues ein: »Ich möchte euch heute die ›electric church‹ vorstellen – Mitch Mitchell am Schlagzeug, Buddy Miles an einem weiteren Drum-Set, den Bassisten Noel Redding, und wir haben hier noch einen guten Freund, Lee Michaels an der Orgel.« (zit. n. Shapiro / Glebbeek 1990, S. 322, Ü. d. A.) Zum ersten Mal benutzt Hendrix hier den Ausdruck »electric church«, später auch »sky church« genannt, um seine musikalische Vision jenseits der Beschränkungen durch das Trio-Format zu benennen.

Zerfall und Neubeginn: Woodstock und die Band of Gypsys (1969-1970)

Anfang 1969 kehrte die Experience nach London zurück – zur großen Freude von Kathy Etchingham, die Jimi jetzt im *Daily Mirror* als seine feste Freundin vorstellte Mit ihr plante er auch jenen kleinen Eklat, der als »Happening for Lulu« in die Fernsehgeschichte eingehen sollte. Jimi, der sich in der Sterili-

Happening for Lulu

tät des Mediums noch nie wohl gefühlt hatte, war von der Schlagersängerin Lulu eingeladen worden, nach zwei Stücken der Experience die Show in einem Duett mit der Gastgeberin zu beenden. Kam *Voodoo Child (Slight Return)* schon als ungewohnt heftige Einleitung daher, so brach er *Hey Joe* nach zwei Minuten ab und füllte den Rest der Sendezeit mit einer lärmend langgezogenen Instrumentalversion von *Sunshine Of Your Love*. Obwohl die Fernsehgewaltigen ihm drohten, er werde nie wieder in einem BBC-Programm auftreten, war Jimi mit sich zufrieden, er hatte nie vorgehabt, mit Lulu im Duett zu singen.

Voodoo Child (Slight Return), vgl. S. 116

Sunshine Of Your Love, vgl. S. 72

Die anschließende Europa-Tournee verlief ebenfalls konfliktreich. Schon das Auftaktkonzert in Göteborg klang kalt und herzlos. Als die Experience am 9. Januar in Stockholm auftrat, war der Erosionsprozess innerhalb der Band nicht mehr zu überhören. Jimi schien nur noch »auf Autopilot« zu spielen. Auch seine wirren Ansagen, verbunden mit einer ständig verstimmten Gitarre, bruzzelnden Verstärkern, vergessenen Textzeilen und falschen Tonarten konnten die Stimmung nicht bessern. Mitten in *Voodoo Child (Slight Return)* ging Hendrix von der Bühne und ließ Mitchell mit einem Drum-Solo allein. Noel suchte währenddessen Jimi in der Garderobe und überredete ihn, auf die Bühne zurückzukehren und den Song zu Ende zu spielen. Zu retten war damit an diesem Abend nichts mehr. Immerhin hatte Jimi in einer Bühnenansage zuvor eine gewisse Eva (gemeint war Eva Sundquist) als »a goddess from Annsgarrd« auf sein Hotelzimmer eingeladen. Der One-Night-Stand mit der Studentin sollte Spätfolgen haben: James Henrik Daniel Sundquist, geboren am 5. Oktober 1969 und von Eva nur Little Jimi genannt, ging nach ihrer Aussage aus dieser Affäre hervor – ohne dass Jimi sich jemals dafür interessiert hätte.

»Hendrix war kein besessener ›Womanizer‹, wie so oft behauptet. Er besaß einfach ein natürliches Charisma, eine Ausstrahlung, vergleichbar einer Kerze, die einsam in der Dunkelheit leuchtet und sofort jedermann anzieht.« (Robert Wyatt in einem Interview im November 2008 über Jimis Attraktivität; zit. n. Kemper 2008)

Drei Tage nach dem desaströsen Stockholm-Konzert lernte Hendrix in Düsseldorf in einer Hotelbar eine blonde Eiskunstlauflehrerin kennnen: Monika Dannemann. Sie war nicht nur von Jimis ungezähmter Bühnenshow, sondern auch von seiner freundlich-sanften Art der Konversation hingerissen. Als sie ihm ihre Abneigung gegenüber Drogen erklärte, reagierte Hendrix hocherfreut und klagte ihr sein Leid: Alle hielten ihn für einen Junkie, und er würde deshalb regelmäßig auf den Flughäfen gefilzt. Dabei zerstöre Heroin den menschlichen Geist. Monika Dannemann begleitete ihn ein paar Tage, und Hendrix lud sie nach London ein. Dorthin kehrte die Experience nach einem Konzert in Berlin am 23. Januar zurück. Die Show im »Sportpalast« hatte unter der Atmosphäre latenter Gewaltbereitschaft der »millions of fucking rockers« (Bühnenmanager Gerry Stickels) gelitten, die am Ende von einer Hundertschaft der Polizei daran gehindert werden mussten, die Bühne zu stürmen.

Monika Dannemann, vgl. S. 68

Zurück in der britischen Hauptstadt, hatte er noch zwei Auftritte in der Royal Albert Hall zu absolvieren. Doch auch diese prestigeträchtigen Shows – angekündigt als »electric church music« – standen unter keinem besonders guten Stern. Hatte Hendrix vor dem ersten Auftritt zu viel Kokain geschnupft, um seine Nervosität zu bändigen, so war Noel Redding bei der zweiten Show am 24. Februar total betrunken, und auch Jimis Spiel wirkte – trotz einiger magischer Momente – ein wenig formlos. Hendrix spürte inzwischen, dass die Musik als Allheilmittel nicht funktionierte, dass er aber viel zu ehrgeizig und talentiert war, um aus seiner inzwischen verhassten Popstar-Karriere auszusteigen.

Eine neue Fluchtmöglichkeit witterte Hendrix in einem eigenen Studio, wo er zu jeder Tages- und Nachtzeit seine musikalischen Phantasien ausleben könnte. Deshalb war er gleich Feuer und Flamme, als Mike Jeffery ihm Ende Januar 1969 vorschlug, die ursprüngliche Idee, den »Generation Club« in New York aufzukaufen und neu einzurichten, zugunsten eines State-of-the-Art-Studios aufzugeben. Dieses »Electric Lady Studio« sollten Jimis eigentliches Zuhause werden. Obwohl erst Mitte Juni 1970 eröffnet, begann die Planung im Frühjahr 1969 und eröffnete Hendrix trotz aller Enttäuschung über die aktuelle Band-Situation eine verlockende künstlerische Perspektive. Die konnte ihm die anstehende Nordamerika-Tournee mit 29 Konzerten in zehn Wochen kaum bieten. Immerhin nahm die Experience mit ihren Auftritten vor einer Viertelmillion Fans rund 1,3 Millionen Dollar ein. Doch Jimi hatte sich verändert. Das spürte Kathy Etchingham, als sie ihn im März in New York besuchte: Umgeben von Drogendealern und Kleinkriminellen – »wie der Zirkusdirektor einer Freak-Show« (zit. n. Shadwick 2003, S. 178, Ü. d. A.) – erschien er ihr nicht mehr als der Mann, mit dem sie eine gemeinsame Zukunft planen konnte. Sie beschloss, nach England zurückzukehren und damit das Ende ihrer Beziehung einzuleiten.

Auf ihrer USA-Tour absolvierte die Experience, trotz ihrer offenkundigen Auflösungserscheinungen, fantastische Konzerte. Ob im »Forum« von Los Angeles oder im »Oakland Coliseum«, Hendrix brachte mit seinen lodernden Licks das Publikum zum Kochen. Oft kam es zu Krawallen, und nicht selten versuchten Black-Power-Sympathisanten, Hendrix für die gemeinsame politische Sache zu gewinnen – das FBI witterte in ihm schon einen potentiellen Staatsfeind. Doch Jimi war – trotz aller oft bekundeten Sympathie für die Belange von Minderheiten – viel zu sehr Individualist, als dass er sich in den Dienst einer Bewegung hätte stellen wollen. In ernsthafte Schwierigkeiten geriet Hendrix am 3. Mai auf dem Weg zu einem Konzert in Toronto, als kanadische Zollbeamte sein Gepäck durchsuchten und ihn wegen Heroin- und Haschischbesitzes festnehmen ließen. Zwar wurde er noch rechtzeitig vor dem Konzert gegen Kaution freigelassen, doch dem bekanntesten und bestbezahlten Rockgitarristen der Welt drohte jetzt eine Haftstrafe von bis zu zehn Jahren. Trotz dieses psychischen Drucks, der bis zur Hauptverhandlung am 8. Dezember auf ihm lasten sollte, lebte Hendrix jedes Mal auf, wenn sich die Möglichkeit zu spontanen Sessions bot: Ob mit dem Schlagzeuger Buddy Miles, mit den Gitarristen Johnny Winter und Stephen Stills oder mit dem Organisten Larry Young.

Black Power

Nach einem umjubelten, wenn auch musikalisch eher durchschnittlichen Konzert auf dem Newport Pop Festival für die

Rekordgage von 100 000 Dollar ging die US-Tour am 29. Juni mit dem Auftritt beim Denver Pop Festival zu Ende: Er wurde zum Schwanengesang der Experience. Noel Redding hatte zuvor von einem Journalisten erfahren, dass Hendrix sich Billy Cox als neuen Bassisten wünschte. Als Jimi dann während des Konzerts vor 17 000 Zuschauern plötzlich verkündete: »Dies ist das letzte Konzert, das wir gemeinsam geben« (zit. n. Shapiro / Glebbeek 1990, S. 373, Ü. d. A.), kam es zu Zusammenstößen zwischen dem Publikum und der Polizei. Die versuchte unter Einsatz von Tränengas zu verhindern, dass Zuschauer die Bühne stürmten. Die Band musste Hals über Kopf flüchten und konnte gerade noch in einem schnell organisierten Transporter den Schauplatz der Krawalle verlassen, während die aufgebrachten Fans von außen auf den Wagen trommelten. Am nächsten Tag flog Noel Redding nach England zurück, die Jimi Hendrix Experience hatte nach drei dramatischen Jahren aufgehört zu existieren.

Reddings Rauswurf

Hendrix schwebte jetzt ein völlig neues Band-Konzept vor: Ein loser Verbund von Musikern, eine Gemeinschaft Gleichgesinnter nach dem Vorbild einer Kooperative, wie sie z. B. der Free-Jazz-Pionier Sun Ra mit seinem Arkestra realisiert hatte. Mit einem solchen Ensemble wollte er seine musikalischen Ideen langsam experimentell verfeinern. Jimis Ideal »künstlerischer Vorläufigkeit« musste jedoch mit den knallharten Verwertungsmaximen des auf kurzfristige Erfolge abzielenden Popgeschäfts kollidieren. Seine Rock-Religion konnte er am 7. Juli in der »Dick Cavett Show« auf ABC-TV einem Millionenpublikum erklären: »Glaube kommt durch Elektrizität zu den Menschen. Deshalb spielen wir so laut. Wir wollen aber nicht nur die Trommelfelle attackieren, wie die meisten anderen Gruppen mit ihrem schrillen, harten Sound. Wir planen, mit unserer Klangintensität in die Seele einer Person einzudringen.« (zit. n. Black 1999, S. 195, Ü. d. A.) Drei Tage später war davon in der »Tonight Show« von Johnny Carson allerdings nicht viel zu spüren. Weil Jimis Verstärker mitten in der TV-Live-Performance von *Lover Man* ausfiel und das zusammengewürfelte Trio mit Cox und dem Jazzdrummer Ed Shaughnessy auch musikalisch keinen Druck aufbauen konnte, blieben der Fernsehnation vor allem Jimis irres Gekicher und sein aufreizendes Kaugummikauen in Erinnerung: höchste Zeit für eine Ruhepause.

In der Nähe von Shokan überdachte er Mitte 1969 auf einem ländlichen Anwesen mit Reitstall und Pool seine nächsten Schritte. Endlich konnte er jetzt den Traum einer größeren Gruppe verwirklichen. Neben Billy Cox und dem ebenfalls befreundeten Memphis-Gitarristen Larry Lee waren in den nächtelangen Shokan-Sessions noch die reichlich unbedarften Perkussionisten Jerry Velez und Juma Sultan mit von der Partie. Während eines spontanen, neuntägigen Trips nach Nordafrika, mitten in den Sessions, wurde Hendrix nachhaltig verunsichert: Eine berühmte Hellseherin, die auch für den König von Marokko arbeitete, hatte Tarotkarten gelegt und Hendrix den baldigen Tod prophezeit. Seine Begleiterin und langjährige Freundin Colette Mimram: »Er wiederholte immer wieder, dass er sterben würde, bevor er dreißig sei.« (zit. n. Cross 2006, S. 240)

Mitch Mitchell erinnerte sich später mit Schrecken an die ziel- und formlosen Proben für den prestigeträchtigen Auftritt beim Woodstock-Festival. Geschmiert lief allenfalls die Rhythmusachse von Bass und Schlagzeug. Larry Lee aber besaß kein Ohr für spontane musikalische Abläufe und wirkte wie ein Fremdkörper im Ensemble. Seit wann brauchte Hendrix auch einen Rhythmusgitarristen, den ersetzte er doch in seiner »polyphonen Spielweise« mit links? Es erwies sich auch als nahezu unmöglich, in Power-Rock-Stücke wie *Purple Haze*, *Foxy Lady* oder *Voodoo Child* Latin-Rhythmen von Velez oder afrikanische Polyrhythmik von Sultan verlustfrei zu integrieren.

Gypsy, Sun & Rainbows

Die »Three Days of Peace and Music«, wie das Woodstock-Festival annonciert wurde, erlebten also mit Gypsy Sun & Rainbows eine neue Hendrix-Band, die nicht mehr als ein halbherziger Kompromiss war. Als Jimi in weißer Fransenjacke und mit rotem Stirnband am Montagmorgen gegen acht Uhr endlich die Bühne betrat – von den geschätzten 450 000 Besuchern hatten allenfalls noch 40 000 ausgeharrt –, stürzte er sich, seine Band und das Publikum in ein Wechselbad der

Woodstock, 1969

Gefühle. Weil es kaum Absprachen zwischen den Musikern gab und Jimi auch keine Einsätze anzeigte, deckten die beiden Perkussionisten mit ihrem pausenlosen Spiel die Stücke beinahe zu. Der dauernde Donner unkoordinierter Trommelei steigerte die Intensiät der Stücke nicht, sondern nahm ihnen ihren Atem – deshalb blendeten die Soundmixer die Congas und Bongos fast komplett aus.

Während Hendrix beispielsweise in *Hear My Train A Comin'* durch zwei wunderbare Blues-Soli umweglos mit dem Publikum kommunizierte, demonstrierte Lee in seinem kurzen Zwischensolo die Differenz zwischen einem guten und einem begnadeten Gitarristen. Dasselbe passierte in *Red House.* Nicht zufällig wurden die Lee-Beiträge im Mix vor Ort und bei den offiziellen Veröffentlichungen des Hendrix-Woodstock-Sets herausgeschnitten. Leider fiel dieser Kürzungspolitik auch die Version von Curtis Mayfields *Gypsy Woman* mit Lees Gesang und Jimis zauberhaft-zärtlicher Akkordbegleitung zum Opfer. Andere, noch unausgereifte Stücke wie das im Original fast zehnminütige Instrumental *Beginnings (Jam Back at the House)* entwickelten in der Live-Performance Dichte und Schubkraft. Jimis Flamenco-Referenzen in der sogenannten *Woodstock Improvisation* mangelte es dagegen an rhythmischer Präzision. Das Instrumental *Villanova Junction* ließ dagegen noch einmal die ganze Fülle seiner sanftsprechenden Melodik aufblühen. Mit verführerischer Phrasierung und dem schleichenden Tempo klingt es wie eine Hommage an den im Jahr zuvor verstorbenen Jazzgitarristen Wes Montgomery. Zum aufrührerischen Symbol nicht nur des gesamten Woodstock-Festivals, sondern der ganzen Dekade avancierte jedoch Jimis feedbackschwangere Lesart der amerikanischen Nationalhymne *The Star Spangled Banner*.

The Star Spangled Banner, vgl. S. 120

Nach ein paar ruhigen Tagen im Shokan-Haus, angefüllt mit Proben der sechsköpfigen Band, bezog Jimi Ende August im Hotel Navarro in New York Quartier. Mike Jeffery wurde die schwarze Entourage, die Jimi umgab, zunehmend suspekt. Sein Zorn wuchs noch, als Hendrix einen kostenlosen Auftritt bei einem Straßenfest in Harlem zusagte. In der Black Community hatte Jimi bisher ebenso wenig eine große Anhängerschaft gefunden wie bei den schwarzen Radiostationen. Daher kam ihm die Anfrage der »United Block Association«, die in Harlem soziale Hilfsprogramme auflegte, gerade recht. Doch die UBA-Show am 5. September stand unter keinem guten Stern: Als er nach Mitternacht mit Gypsy, Sun &

Rainbows auftreten konnte, waren von den ursprünglich 5 000 Besuchern nur noch 500 anwesend – nach dem Gig waren es gerade noch 200. Zuerst wurde Jimis puertoricanische Freundin angepöbelt, dann buhte das Publikum, als Mitch Mitchell als einziges weißes Bandmitglied die Bühne betrat, dann flog eine Flasche und schließlich zerschellte ein Ei an Jimis Verstärker. Trotz der offenkundigen Feindseligkeit schaffte es die Band, irgendwie über die Runden zu kommen. Doch von einem solidarischen Gemeinschaftsgefühl mit den afro-amerikanischen Brüdern und Schwestern konnte bei diesem Konzert keine Rede sein.

»Manchmal wenn ich in Harlem aufkreuze, sagen die Leute abfällig: ›Ach, der spielt weiße Rockmusik für ein weißes Publikum. Was will der hier?‹ Ich will ihnen zeigen, dass Musik universal ist, dass es keinen weißen oder schwarzen Rock gibt.« (Hendrix 1969 über seine mangelnde Akzeptanz in der »black community«; zit. n. Black 1999, S. 203, Ü. d. A.)

Einen letzten Versuch mit dem – bei seinem Management inzwischen verhassten – Sextett unternahm Hendrix fünf Tage später im New Yorker »Salvation Club«. Mike Jeffery war von dem Mafia-Handlanger, Club-Besitzer und Kokain-Dealer Bobby Woods so massiv unter Druck gesetzt worden, dass er Jimi schließlich überzeugen konnte, den ungeliebten Gig zu spielen. Großspurig als »Die schwarze, römische Orgie« angekündigt, geriet der Auftritt für das fragile Ensemble einmal mehr zum Desaster: Während das blasierte Publikum die Hendrix-Hits mit allen pyrotechnischen Tricks erwartete, konnte die Band wegen einer defekten Gesangsanlage bald nur noch Instrumentals spielen. Nach und nach verließen die zahlenden Zuhörer das Etablissement. Es sollte das letzte Konzert der Gypsy, Sun & Rainbows sein. Ein mysteriöser Vorfall verstärkte anschließend noch Jimis Misstrauen in sein Management. Eines Abends wurde Hendrix in dem Club gekidnappt: Mit verbundenen Augen brachte man ihn auf dem Rücksitz einer Limousine in ein verlassenes Lagerhaus. Die Entführer bedrohten ihn und verlangten, dass ihnen Jimis

Rätselhafte Entführung

Managementvertrag ausgehändigt würde. Er durfte im Büro von Jeffery anrufen, und als der kurz darauf mit eigener Schlägertruppe in dem Lagerhaus auftauchte, gaben die »Entführer« sofort klein bei und ließen Hendrix frei. Obwohl der Vorfall nie endgültig aufgeklärt wurde, kam Jimi bald zu der Überzeugung, dass die Aktion nur einem Zweck dienen sollte: ihn wieder enger an seinen »Retter« Mike Jeffery zu binden und ein für alle Mal klarzustellen, wer in ihrer Beziehung das Sagen hatte.

Für Hendrix waren es harte Wochen. Mitch Mitchell war es leid, in einer zerfallenden Band als Schlagzeuger auf Abruf zu dienen, und kehrte Ende September enttäuscht nach England zurück. Dabei lastete ein zunehmender Druck auf Hendrix, endlich ein neues Album zu veröffentlichen. Verschärfend kam hinzu, dass es inzwischen in den USA endlich zu einer gerichtlichen Einigung mit Ed Chalpin von PPX gekommen war. Er sollte rückwirkend zwei Prozent Gewinnbeteiligung an den ersten drei Alben der Experience erhalten und die alleinigen Rechte an der kommenden Platte bekommen. In dieser verfahrenen Situation erschien Alan Douglas, der sich als Produzent seine Meriten bei Jazzgrößen wie Duke Ellington, Cecil Taylor und John Coltrane verdient hatte, als ein Retter. Jimi fasste Vertrauen zu ihm, und Douglas avancierte zu seinem geschäftlichen Berater. Mike Jeffery war darüber wenig erfreut und bezeichnete Douglas schon bald als seinen »Feind«. Doch der neue Produzent brachte Hendrix in einer Aufnahmesession mit der Vocal-Band The Last Poets zusammen. Heraus kam mit *Doriella Du Fontaine* die erste Proto-Rap-Platte – Hendrix bedient darauf den E-Bass –, lange bevor es Stilbezeichnungen wie Rap oder HipHop überhaupt gab. Douglas war es auch, der Jimi ermutigte, zusammen mit Billy Cox und Buddy Miles die Band of Gypsys ins Leben zu rufen – zumal Bill Graham das Trio für vier Konzerte zum Jahreswechsel in das »Fillmore East« einlud. Der Name geht auf eine Bemerkung von Mitchell zurück, der Jimis nervigbunte Gefolgschaft während der Tourneen wiederholt als einen »verdammten Haufen Zigeuner« bezeichnet hatte. Weil das neue Trio als rein schwarze Band Jimis Ambitionen entge-

Proto-Rap

Band of Gypsys

genkam, zu seinen Wurzeln im Rhythm 'n' Blues, Soul und Funk zurückzufinden, war es Jeffery von Anfang an ein Dorn im Auge. Er wollte Hendrix für die Käuferschichten eines weißen Rock-Publikums zurückhaben.

Aber Douglas kämpfte um den Einfluss auf seinen neuen Schützling und organisierte im Spätherbst 1969 eine spektakuläre Aufnahmesession mit dem Jazzrock-Pionier Miles Davis. Der Jazztrompeter bewunderte Jimis Sound-Paintings und sein tiefgründiges Blues-Feeling, der Gitarrist war seinerseits von Miles' modalen Innovationen und rhythmischen Experimenten fasziniert. Doch obwohl der Studio-Termin fest gebucht war, ließen Davis und der ebenfalls eingeladene Schlagzeuger Tony Williams die Session platzen, indem sie eine halbe Stunde vor Beginn jeweils einen Vorschuss von 50 000 Dollar von Douglas verlangten. Der zog sich Anfang Dezember entnervt zurück.

Miles Davis

Als Hendrix erfuhr, dass seine langjährige Freundin Kathy Etchingham in England den Fahrer von Eric Clapton geheiratet hatte, drehte er regelrecht durch. Von Henry Steingarten, dem Rechtsanwalt seines Managements, erhielt Jimi im November zudem verschiedene Regressforderungen in Höhe von 25 000 Dollar wegen fälliger Konventionalstrafen für abgesagte Konzerte in Boston und Kalifornien. Bedrohlicher allerdings empfand Hendrix die Gerichtsverhandlung wegen Heroin-Besitzes, die für den 8. Dezember in Toronto angesetzt war. In einen konservativen Anzug gekleidet, erklärte er dem Richter, er habe zwar ein paar Mal Haschisch geraucht und auch LSD genommen, mit Heroin oder Kokain aber nie etwas zu tun gehabt. Das in seinem Gepäck gefundene Rauschgift müsse ihm heimlich von einem Fan zugesteckt worden sein, so was passiere häufig. Die Jury glaubte ihm schließlich, und zumindest diese Last war von seinen Schultern genommen. Doch er machte sich Sorgen, dass Jeffery, mit dem er längst nicht mehr vertrauensvoll kommunizieren konnte, ihn als Partner auch bei den im Bau befind-

Freispruch in Toronto

lichen »Electric Lady Studios« übervorteilen würde. Deshalb bat er Steingarten inständig, ihn als Mitbesitzer abzusichern. Der Rechtsanwalt ermahnte ihn daraufhin, sich endlich auf die Produktion neuer Alben und auf neue Tourneen zu konzentrieren, um die erforderlichen finanziellen Mittel in Höhe einer Viertelmillion Dollar in das Studio investieren zu können. Andernfalls sähe er Jimis Karriere ernsthaft gefährdet, wenn nicht gar zerstört.

Schon bei den Proben für die Neujahrskonzerte mit der Band of Gypsys muss Hendrix gespürt haben, dass die Gruppe trotz ihres rauen R&B-Sounds in ihren Entwicklungsmöglichkeiten beschränkt blieb. Vielleicht zog er wegen solcher latenten Selbstzweifel in der ersten Show am Silvesterabend in Grahams »Fillmore East« alle Register als Showman und tobte wie in alten Zeiten über die Bühne. Erst die nachfolgenden Auftritte lieferten das ersehnte Material für ein Live-Album, das im April des kommenden Jahres zuerst in den USA und zwei Monate später in Europa erschien. Trotz aller Vorbehalte von Mike Jeffery sagte Jimi im Januar die Teilnahme der Band of Gypsys an einem weiteren Benefizkonzert zu: dem Winter Festival for Peace im Madison Square Garden. Erst gegen drei Uhr morgens trat das Trio auf und lieferte eine gespenstische

Foxy Lady, vgl. S. 82

Szene. Als jemand im Publikum lauthals *Foxy Lady* wünschte, hatte Jimi nur den üblen Spruch parat: »Foxy Lady sitzt da drüben, die mit der gelben Unterwäsche, voller Flecken, dreckig und voller Blut.« (zit. n. Cross 2006, S. 206) Nach völlig

Who Knows und *Earth Blues*, vgl. S. 96 und S. 103

derangierten Versionen von *Who Knows* und *Earth Blues* brach Hendrix die Show mit der irren Erklärung ab: »Das passiert, wenn die Erde mit dem All fickt, vergesst das nie! Das passiert dann!« (zit. n. Brown 1999, S. 153, Ü. d. A.) Jimi musste von der Bühne geführt werden, übergab sich und wurde von Magenkrämpfen geschüttelt. Offensichtlich hatte ihm jemand kurz vor dem Auftritt einen schlechten Acid-Trip verabreicht. Ob das, wie Buddy Miles vermutete, Mike Jeffery war, oder nach Jimis Erinnerung Devon Wilson – das Publikum war geschockt, und die Reputation der Band of Gypsys verspielt. Jeffery nutzte die Gelegenheit und feuerte Buddy Miles unmittelbar nach dem Konzert.

Liebe, Chaos und Gewalt: Das letzte Jahr (1970)

Da er wusste, wie man die Medienklaviatur bedient, arrangierte Jeffery am 4. Februar ein ausführliches *Rolling-Stone*-Interview mit Hendrix, Redding und Mitchell. Die zentrale Botschaft lautete: »The Jimi Hendrix Experience is back!« In diesem Gespräch mit dem Journalisten John Burks erzählte Hendrix nebenbei von einem neuen Projekt, das unter dem Namen *Black Gold* einen Zyklus von 15 Songs über die beiden Comic-Figuren Black Gold und Captain Coconut zu einer großen Suite zusammenschmelzen sollte. Jimi hatte bereits eine Demokassette der neuen Stücke mit einer Martin-Akustikgitarre in seinem Apartment eingespielt. Die gesamte Suite ist bis heute unveröffentlicht und zählt nach den Worten des renommierten englischen Hendrix-Forschers Tony Brown zu Hendrix' aufregendsten Bekenntnissen in seinem letzten Lebensjahr. In dem zärtlichen Lied *Little Red Velvet Room* etwa erkundigte sich Jimi nach Tami, seiner lange Zeit verleugneten Tochter Tamika Laurice James Carpenter, geboren am 11. Februar 1967, während er mit *The Jungle Is Waiting* einen raren Jazz-Flamenco entwarf. Entgegen der rein kommerziell orientierten Planung seines Managements entschied sich Hendrix letztendlich gegen Noel Redding und lud einmal mehr Billy Cox ein, den Bass-Part in der neuen Experience zu übernehmen. Doch bevor das Trio – auch Cry of Love Band genannt – auf US-Tour gehen konnte, flüchtete Hendrix vor Redding, der im guten Glauben an seine Wiederaufnahme in die Experience nach New York gekommen war, am 10. März zu Kathy Etchingham nach London. Vergeblich versuchte er, sie zu überreden, sich von ihrem frischgebackenen Ehemann zu trennen und zu ihm zurückzukehren.

Black Gold

Cry of Love Band

Die folgende US-Tour mit 31 Konzerten in knapp drei Monaten hinterließ trotz des mitreißenden Auftakts am 25. April im L. A. Forum einen eher zwiespältigen Eindruck. Während die einen ihn als »ein Kraftwerk an Sex und Sound« feierten (zit. n. Cross 2006, S. 261), erkannten die anderen seinen bemitleidenswerten Zustand. In Berkeley kam es wegen gewalttätiger

Eintrittskarte zur US-Tour 1970

Unruhen auf dem Universitätscampus zu einem denkwürdigen Auftritt. Der Gouverneur von Kalifornien, Ronald Reagan, hatte gemäß seiner Maxime »Wenn ein Blutbad nötig ist, dann müssen wir es schnell hinter uns bringen« 2 000 Soldaten der Nationalgarde auf 30 000 gegen die Regierungspolitik demonstrierende Studenten gehetzt: 128 Verletzte und ein Toter waren die traurige Bilanz der Krawalle. Obwohl durch eine verschleppte Grippe gesundheitlich angeschlagen,

Hear My Train A Comin', vgl. S. 98

lief Hendrix hier in Songs wie dem beredten *Hear My Train A Comin'* oder dem traumverlorenen *Hey Baby (New Rising Sun)* zur Höchstform auf.

Zwischen den einzelnen Konzerten standen immer wieder Aufnahmesessions im New Yorker »Record Plant Studio« auf dem Programm. Inzwischen hatte Hendrix Fragmente und Rohfassungen von etwa 40 neuen Songs produziert, und man verständigte sich schließlich auf ein Doppelalbum mit dem

First Rays Of The New Rising Sun, vgl. S. 99

Arbeitstitel *First Rays Of The New Rising Sun*. Am 16. Juni begann Hendrix im gerade betriebsbereiten »Electric Lady Studio A« mit Eddie Kramer an weiteren Produktionen für die kommende Doppel-LP zu arbeiten. Meisterwerke wie *Pali Gap*, *Earth Blues* oder *Dolly Dagger* nahmen hier ihren Anfang.

Pali Gap und *Dolly Dagger*, vgl. S. 98 und S. 124

Ende Juli signalisierte ihm Alan Douglas, der durch seine Plattenprojekte mit Miles Davis berühmt gewordene Arrangeur Gil Evans sei an einer Zusammenarbeit mit Hendrix interessiert: Evans verehrte Jimi als stilbildenden Gitarristen und wollte ihn mit seinem kaleidoskopischen Spiel in den Sound-Kontext eines größeren Ensembles integrieren. Der Titel für das geplante Album war bereits gefunden: *The Voodoo Child Plays The Blues*. Eventuell sollte sogar Miles Davis an der für September geplanten Aufnahmesession teilnehmen.

Zunächst aber musste Mike Jeffery seine fixe Idee eines Films in die Tat umsetzen. Ende Juli entstand auf Hawaii das *Rainbow Bridge Vibratory Color/Sound Experiment*. Im Frühjahr

Rainbow-Bridge-Film

1970 hatte Jeffery der Plattenfirma Warner Bros. einen Vorschuss von 450 000 Dollar für Film und Soundtrack-Album abgeschwatzt. Ohne klares Konzept, geschweige denn ein Drehbuch, flog die Hendrix Experience Ende Juli mit der Filmcrew des Regisseurs Chuck Wein auf die Vulkaninsel

Maui, um »kosmische Vibrationen« zwischen Surfern, Sehern, Mystikern und Musikern szenisch einzufangen. Neben den Schauspielerinnen Pat Hartley und Melinda Merryweather sollte Hendrix selbst die surreal anmutenden Landschaftsbilder mit Reflexionen über Wiedergeburt und Zeitreisen veredeln.

»Plötzlich merkst du, dass du die linke Pfote der Sphinx anstarrst. [...] Dann wieder spüren wir, wie wir über den Wüstensand dahingleiten, trocken wie ein Knochen, aber auf dem Weg nach Hause, [...] und wir fliegen höher und höher und Kleopatra hat dieses wundervolle, rabenschwarze Haar.« (Jimi Hendrix über sein »astral travelling« auf Hawaii; zit. n. dem Klappentext des Albums *Rainbow Bridge*)

Höhepunkt des Streifens sollte ein Open-Air-Konzert zwischen den »Kratern der Sonne« und den »Kratern des Mondes« werden. Vor rund 400 Blumenkindern, von Wein streng nach Sternzeichen sortiert, legte das Hendrix-Trio zwei passable, windumtoste Auftritte hin. Doch das hörenswerte, bis heute offiziell nicht veröffentlichte Konzert konnte den Acid-Trip in Bildern auch nicht retten – obwohl Hendrix später von Maui liebevoll als »kosmischem Sandkasten« sprach (zit. n. Black 2004, S. 174, Ü. d. A.). Nicht nur ging ein Großteil der Filmaufnahmen des dreistündigen Doppelkonzerts verloren oder wurde zerstört, auch der ursprünglich auf 123 Minuten angelegte Streifen konnte nach der radikalen Kürzung von wirren Handlungselementen zugunsten von Musikszenen keinen rechten Spannungsbogen entfalten. Es überrascht deshalb nicht, dass das zeitgleich veröffentlichte Soundtrack-Album nicht eine einzige Aufnahme der Maui-Konzerte enthielt. In seinen Erinnerungen kommt Mitch Mitchell zu einem vernichtenden Urteil über die Filmemacher: »Die hätten nicht mal ein Besäufnis in einer Brauerei organisieren können – milde ausgedrückt.« (zit. n. Mitchell / Platt 1990, S. 149, Ü. d. A.)

Ein weiterer hochfliegender Plan von Jeffery sah für die zweite Jahreshälfte eine »Hendrix World Tour« vor, mit Auftritten in Japan und an den Kultstätten von Stonehenge und dem mexikanischen Yucatan. Am 26. August wurde erst einmal das »Electric Lady Studio« in New York offiziell eröffnet. Neben Yoko Ono nahmen u. a. Fleetwood Mac und Johnny Winter an der Einweihungsparty teil, die sich jedoch bald zu einer unschönen Schlacht am Buffet entwickelte. Hendrix, der kurz vorbeikam und von der Vermüllung seiner heiligen »sky church« angewidert war, verließ die Party vorzeitig, um am nächsten Morgen nach England zu fliegen: Die Jimi Hendrix Experience war als Topact des Isle of Wight Festivals, des mutmaßlich größten Rock-Events aller Zeiten, gebucht. Doch was als glückliche Heimkehr an die Stätte früherer Triumphe gedacht war, entpuppte sich bald als nicht enden wollendes Unglück.

Schon der erste Abend auf der Insel wirkte wie ein böses Omen: Übernächtigt und durch eine Grippe geschwächt, traf er sich zunächst mit Monika Dannemann, die ein paar Tage zuvor von Düsseldorf nach London gekommen war und sich in einer hübschen Parterrewohnung des Samarkand Hotels eingemietet hatte. Später verbrachte Jimi die Nacht mit Angie Burdon, der Ex-Frau seines Freundes Eric, und einer weiteren Freundin in seinem eigenen Zimmer im Londonderry Hotel – seine Vorliebe für eine Ménage-à-trois war nicht neu. Am nächsten Morgen drehte er durch und attackierte die beiden Frauen, die nackt aus dem Schlafzimmer flüchteten und in ihrer Not Kathy Etchingham anriefen. Als diese im Hotel ankam, fand sie einen völlig verstörten, fiebrigen und unkontrolliert zitternden Hendrix vor. Der erholte sich in den nächsten Stunden jedoch so weit, dass er sechs Interviews nacheinander geben konnte. Immer wieder beklagte er in diesen Gesprächen seine musikalische Lähmung und reklamierte seinen Traum, in Zukunft mit einer Big Band zu arbeiten.

Schlaflos in London

Neben dem unverlierbaren Blues, »western sky music« und »sweet opium music« nannte er jetzt Richard Strauss und Richard Wagner als Gewährsleute für seine zukünftigen Rock-Sinfonien. Es waren aufschlussreiche Interviews, in denen Hendrix Einblicke in sein innerstes Gefühlsleben gewährte, von den Wonnen des Landlebens und der baldigen Gründung

»Ich will eine Big Band, nicht im Sinne von drei Harfen und vierzehn Violinen. Ich meine eine Big Band, besetzt mit kompetenten Musikern, für die ich schreiben und die ich dirigieren kann. Mit dieser Musik wollen wir dann Bilder der Erde und des Weltraums malen, die den Zuhörer auf eine Reise mitnehmen. Es wird eine Musik sein, die im Innern der Menschen etwas gänzlich Neues zum Klingen bringt.« (Hendrix am 28. August 1970 in London; zit. n. Brown 1997, S. 17, Ü. d. A.)

einer Familie sprach. Dieser Wunsch wurde durch das dänische Model Kirsten Nefer angeheizt, das Jimi über eine gemeinsame Bekannte in London kennenlernte. Er verliebte sich auf der Stelle in sie und machte ihr, als er sie ein paar Tage später bei ihrer Familie in Kopenhagen besuchte, einen Heiratsantrag. Zunächst aber lud er sie zu seinem Konzert auf der Isle of Wight ein. Wie alle Festivals in den Sixties war auch diese Veranstaltung – mit 600 000 Besuchern größer als Woodstock – schlampig organisiert: Lange Verzögerungen im Ablaufplan, unzureichende Versorgung der Zuschauer, Regen, Sturm – all das zusammen produzierte eine aggressive Stimmung. Pete Townshend, der mit The Who ebenfalls auf dem Programm stand, war von Jimis erbärmlichem Zustand geschockt. Später vermutete er, dass Hendrix an einem tragischen Missverständnis seiner Umwelt zugrunde gegangen sei: Weil er noch immer so toll Gitarre spielen konnte, glaubten alle, er wäre okay!

Dass Monika Dannemann ihn an diesem Tag als ausgesprochen gut gelaunt, humorvoll und gesprächig in Erinnerung hatte, zeigt nur, wie wenig sie Hendrix wirklich kannte. Er war vor seinem Isle-of-Wight-Auftritt ungewöhnlich nervös, zumal sein schmetterlingartiges Bühnenkostüm (»We're called the blue wild angels«) immer wieder aus den Nähten ging. In den frühen Morgenstunden des 31. August eröffnete er sein erstes Konzert auf englischem Boden seit 18 Monaten mit einer patriotischen Geste: Während die lärmend-verzerrte Version von *God Save The Queen* noch stürmisch gefeiert wurde, entwickelte sich der Rest des Experience-Auftritts proble-

Isle-of-Wight-Wirren

matisch. Cox spielte einen völlig anonymen Bass, als wäre er ganz weit weg. Und Hendrix, der in seinem Selbstvertrauen immer unbesiegbar gewirkt hatte, kämpfte hier einen hoffnungslosen Kampf gegen irgendetwas, das nicht benennbar, aber für alle spürbar war. Von seinem Spiel ging eine distanzierte Ausstrahlung aus, manchmal an der Grenze zur Panik. Die Musik wirkte nervös und gereizt, sie schien sich von ihm zu entfernen. Zuallererst fiel auf, dass sein Feedback sich verändert hatte: Anstatt wundervoll warm und bluesig daherzukommen, klang es jetzt schrill und quietschend. Ständig verstimmte sich Jimis Gitarre, immer wieder übertrugen die Lautsprecherboxen Teile des Funkverkehrs der Sicherheitsleute. Erst zur Konzertmitte hatte das Trio sich so weit im Griff, dass zumindest das Publikum halbwegs zufrieden sein konnte. Die Band war es nicht. Hendrix bezeichnete den 100-minütigen Auftritt anschließend als »lausig schlecht«. Hatte er schon während des gesamten Konzerts müde und überanstrengt gewirkt, so war seine Schlussreaktion höchst bedenklich. Er nahm seine geliebte Gitarre ab und ließ sie einfach mit einem lauten Knall auf den Bühnenboden fallen.

»Es war das Ende der Love&Peace-Ära. Leute rissen Absperrungszäune nieder, und es herrschte Gewalt.« (Jimis Tourmanager Gerry Stickels über das Isle Of Wight Festival; zit. n. Black 2004, S. 237, Ü. d. A.)

Keine Atempause: Nach dem Auftritt stand schon ein Helikopter bereit und brachte die Band nach Southampton, von wo aus die Jimi Hendrix Experience nach Schweden weiterflog. Am Abend im »Stora Scenen« betrat ein ziemlich betrunkener Hendrix die Bühne. Vielleicht wirkte er deshalb so konfus, weil Eva Sundquist überraschend backstage aufgekreuzt war, Jimi ein Foto ihres gemeinsamen Kindes James Daniel gezeigt und ihn eingeladen hatte, seinen Sohn anschließend zu besuchen. Der folgende Abend in Göteborg brachte ein neues Problem: Billy Cox, alles andere als ein Drogenfreak, nahm auf einer After-Show-Party – womöglich unabsichtlich mit einem Drink – eine Überdosis LSD ein. Er wurde von Angst- und Panik-Attacken heimgesucht, und nur mit Mühe gelang es Hendrix schließlich, ihn auf diesem schlechten Trip vorübergehend zu beruhigen.

Absturz in Aarhus

Das Konzert am nächsten Tag in Aarhus, Dänemark, markierte dann den absoluten Tiefpunkt in Jimis Karriere – allenfalls dem Band-of-Gypsys-Desaster im Madison Square Garden sieben Monate zuvor vergleichbar. Erneut stark ver-

> »In meinem Fall kreuzige ich jedes Mal einen Teil meiner Seele, wenn ich spiele. [...] Ich bin mir nicht sicher, ob ich meinen 28. Geburtstag noch erleben werde.« (Hendrix am 2. September 1970 gegenüber der Journalistin Anne Bjorndal; zit. n. Brown 1997, S. 52, Ü. d. A.)

grippt, versuchte er am Nachmittag seinen Schüttelfrost mit Mandrax-Schlaftabletten zu bekämpfen. Bis zum Abend hatte das barbituratähnliche Sedativum dazu geführt, dass Hendrix seine Bewegungen nicht mehr richtig koordinieren konnte und ständig stolperte. Als man ihm schließlich auf die Bühne der »Vejlby Risskov Hallen« half, nahm das Trauerspiel seinen Lauf. Im Eröffnungstitel *Freedom* vergaß er ganze Textzeilen und verspielte sich ständig. Abschließend begann er zum Erstaunen des Publikums die Bünde seiner Gitarre zu zählen, bevor er sich bei Mitchell nach dem nächsten Stück erkundigte. *Message To Love* geriet zu einem weiteren Stolperstein. Obwohl seine Gitarre inzwischen für alle hörbar verstimmt war, begann er mit der Akkord-Einleitung zu *Hey Baby (New Rising Sun)*, einem seiner melodisch anrührendsten Lieder, das er jetzt aber amateurhaft vergeigte. Mitten im Song schaffte er es gerade noch von der Bühne und musste in die Garderobe getragen werden. Nach einem langen Schlagzeugsolo erklärte der Veranstalter das Konzert schließlich für beendet, entschuldigte sich für Jimis Erkrankung, versprach den Leuten die Rückerstattung ihres Eintrittsgeldes und stellte ein kostenloses Konzert von Hendrix innerhalb eines Monats in Aussicht. Jimi soll an diesem Abend die Bemerkung gemacht haben: »Ich bin seit langem tot.«

***Freedom*, vgl. S. 99**

***Message To Love*, vgl. S. 97**

***Hey Baby (New Rising Sun)*, vgl. S. 102**

Nachdem er sich am folgenden Tag im Elternhaus von Karen Nefer in Kopenhagen ein wenig erholt und zum ersten Mal in seinem Leben ein harmonisches Abendessen im Kreise einer funktionierenden Familie genossen hatte, bestritt er anschließend eines seiner besten Konzerte seit langem: *Voodoo Child (Slight Return)* verschmolz er z.B. perfekt mit dem Cream-Klassiker *Sunshine Of Your Love*. Es bleibt bis heute ein Rätsel, wie er sich nach dem tiefen Absturz wieder zu einer solch triumphalen Demonstration seines Könnens aufraffen konnte. Dänische Zeitungen feierten tags darauf das »Concert of the Year«. Nach einem Streit mit seiner neuen Muse Kirsten Nefer, die Jimi zu den Konzerten in Deutschland begleiten wollte (»No, a woman's place is in the house!«), wurde auch sein Auftritt in der Berliner Deutschlandhalle beim »Super Concert 70« ein passabler Gig.

Fegefeuer auf Fehmarn

Wegen des mentalen Zusammenbruchs von Cox war der Rest der geplanten Europa-Tournee bereits gestrichen und die Experience nur noch für ein letztes Konzert bei Deutschlands größtem Rock-Event jenes Jahres, dem Love And Peace Festival auf der Insel Fehmarn, gebucht. Schon als sie das Festivalgelände erreichte, war der Hendrix-Crew klar, dass die Verhältnisse dem friedvollen Titel der Veranstaltung Hohn sprachen: Hells Angels mit Schusswaffen drangsalierten als Ordner willkürlich ein Publikum, das sich zudem vor schlechtem Wetter in Sicherheit bringen musste. Der Auftrittsort hatte sich bereits in eine Schlammwüste verwandelt, als ein Regensturm der Stärke fünf das Festival am Abend unterbrach. Jimis Auftritt wurde auf den nächsten Tag verschoben. Langsam geriet die Organisation der Veranstaltung aus den Fugen: Im einzigen Hotel der Insel, in dem alle Bands untergebracht waren, kam es am Abend zu Schlägereien, bei denen die Bar zu Bruch ging. Die Hells Angels zerstörten derweil das Pressezelt mit allen Telefonen und schlugen nach einem wüsten Saufgelage eine Gruppe Hippies zusammen. Anschließend überfielen sie das Ticket-Office und raubten die Tageseinnahmen. Wiederholt wurde die verschüchterte Zuschauermenge in der Nacht durch Maschinengewehrfeuer geweckt. Tourmanager Gerry Stickels sollte am Morgen die Wut der Motorrad-Gang in Form einer nägelbewehrten Holzplanke zu spüren bekommen. Als die Experience mittags die Bühne betrat, war es zwar noch ziemlich windig, doch der Regen hatte aufgehört. Von überraschenden »Go home, go home!«-Rufen empfangen,

Beim »Love and Peace Festival« auf der Insel Fehmarn, 1970

schaffte es Jimis Trio binnen drei Songs, die letzten buhenden Zuhörer für sich zu gewinnen. Während *Red House* setzte wieder sturzflutartiger Regen ein, und die Band blickte nur noch auf ein Meer von Plastikplanen. Kurz darauf brachen Schlägereien im Publikum aus, und die letzten Sätze, die Jimi jemals in der Öffentlichkeit sang, sollten prophetische Bedeutung gewinnen: »If I don't meet you no more in this world, then I'll met you in the next one, and don't be late, don't be late. Cause I'm a Voodoo Child ...« Unmittelbar nach ihrem Auftritt flog die Gruppe per Helikopter nach Hamburg und von dort direkt weiter nach London. Währenddessen hatten Hells Angels die Bühne abgefackelt und das desaströse Festival zu einem vorzeitigen Ende gebracht.

Zurück in London, mietete er sich im Cumberland Hotel nahe Marble Arch ein. Weil sich der Zustand von Billy Cox immer weiter verschlechterte, wurde er am nächsten Tag auf ärztlichen Rat in ein Flugzeug nach Pennsylvania gesetzt, um sich im Haus seiner Eltern von der drogeninduzierten Paranoia zu erholen. Jimi versuchte zwar, auf die Schnelle einen neuen Bassisten zu finden, um die Europa-Tournee fortsetzen zu können, doch weder der angefragte Noel Redding noch Ric Grech (Family, Blind Faith) schafften es, rechtzeitig nach London zu kommen. Wenige Tage später gab Jimi sein letztes Interview. Auf Keith Althams Frage, was er sich an Weltveränderung wünsche, antwortete er kryptisch: »Oh, vielleicht mehr Farbe auf den Straßen.«

In der letzten Woche seines Lebens wurde Hendrix noch einmal massiv mit allen existentiellen Bedrohungen konfrontiert, die ihm schon während des ganzen Jahres zugesetzt hatten: Misstrauen gegenüber seinem Management, private und geschäftliche Gerichtsverfahren, kein fertig produziertes neues Album, viele Freundinnen ohne eine Frau fürs Leben, keine funktionierende Begleitband, ein spürbares Nachlassen der Inspiration – sieben Tage, die Jimis Unfähigkeit zur Selbsthilfe wie in einem Brennglas bündeln:

Samstag, 12. September: Gegen Jimis Willen bucht sich die eifersüchtige Devon Wilson, begleitet von Alan Douglas und seiner Frau Stella, im Londonderry Hotel ein.

Sonntag, 13. September: Mike Jeffery beginnt in London nach Hendrix zu suchen, um mit ihm über die anhängige Klage von Ed Chalpin gegen Jimi und Track Records zu beraten, die in der darauf folgenden Woche vor dem High Court verhandelt werden soll. In einem Streit mit Kirsten Nefer verlangt Jimi, sie solle ihre Filmarbeit aufgeben und bei ihm bleiben.

Montag, 14. September: Hendrix verabredet sich mit Monika Dannemann für den nächsten Abend. Die halbe Nacht diskutiert er mit Douglas über verschiedene Möglichkeiten seiner musikalischen Zukunftssicherung.

Dienstag, 15. September: Am Abend holt Monika Dannemann Hendrix ab und fährt mit ihm zu ihrer Kellerwohnung im Samarkand Hotel. Eric Burdon lädt ihn ein, im »Ronnie Scott's Club« mit seiner neuen Band War zu spielen. Jimi sagt zu, ist aber später zu »stoned«, um einsteigen zu können. Burdon sieht sich genötigt, die Jam-Session auf den nächsten Abend zu verschieben.

»Jimi war in einem furchtbaren Zustand – dreckig, völlig konfus, wie ich ihn noch nie gesehen hatte, und zum ersten Mal in seinem Leben kam er ohne Gitarre.« (Eric Burdon über die geplatzte Jam-Session mit Hendrix am 15. Dezember 1970 im »Ronnie Scott's Club«; zit. n. Burdon 2004, S. 155)

Mittwoch, 16. September: Jimis Anwalt, Henry Steingarten, trifft in London ein. Er will sich mit ihm wegen der Vaterschaftsklage von Diane Carpenter beraten. Ed Chalpin, ebenfalls in der britischen Hauptstadt, versucht, Hendrix zu erreichen und mit ihm den bevorstehenden Rechtsstreit zu diskutieren. Jimi nimmt keines der beiden Treffen wahr. Er trifft sich stattdessen mit Chas Chandler und versucht, ihn als Produzenten des geplanten neuen Albums zurückzugewinnen. Nachmittags besucht er mit Monika Dannemann eine Geburtstagsparty von Judy Wong und bringt ihr ein Happy-Birthday-Ständchen. Bei dieser Gelegenheit stellt er Dannemann zur Überraschung aller Anwesenden als seine Verlobte vor. Da Sly Stone nach London gekommen ist, um mit seiner Band im »Lyceum« aufzutreten, will sich Mitch Mitchell mit Jimi und Eric Clapton im Konzert treffen, um später noch gemeinsam mit Sly im »Speakeasy« jammen zu können. Hendrix sagt angeblich enthusiastisch zu, lässt aber diese Chance für eine Session – ganz untypisch für ihn – ohne jede Erklärung sausen. Am Abend steigt er dann für die zwei Stücke *Mother Earth* und *Tobacco Road* in Eric Burdons Band War im »Ronnie Scott's« ein, hält sich aber – bei seinem letzten öffentlichen Auftritt als Gitarrist – zögerlich zurück. Die Nacht verbringt er mit Dannemann im Samarkand Hotel.

Der letzte Auftritt

Donnerstag, 17. September: Dannemann schießt mittags 29 Farbfotos von Hendrix in dem kleinen Privatgarten des Samarkand Hotel – Hendrix sieht darauf nicht besonders glücklich und gesund aus. Gegen drei Uhr nachmittags gehen die beiden auf dem Kensington Market einkaufen, begegnen dort zufällig Kathy Etchingham, und Jimi bittet diese, später in sein Hotel zu kommen. Auf der Rückfahrt zum Cumberland treffen sie Stella Douglas, Colette Mimran und Devon Wilson, die Hendrix für den Abend zu einer Party bei Pete Cameron von Track Records einladen. Im Hotel ruft Jimi Eddie Kramer an und kündigt seine Rückkehr nach New York für den kommenden Montag an. In einem zweiten Anruf eröffnet er seinem Anwalt Steingarten, dass er sich um jeden Preis von Mike Jeffery als Manager trennen will. Anschließend nehmen Jimi und Monika die Einladung einer Zufallsbekanntschaft zum Tee an: Phillip Harvey, Sohn des prominenten Politikers Lord Harvey of Prestbury, ist mit zwei Mädchen im Auto unterwegs, die Jimi erkennen. Man trifft sich in Harveys Wohnung und Hendrix konsumiert neben Tee ein vegetarisches Reisgericht, einige Joints und ein bisschen Rotwein. Da er sein Interesse an den beiden jungen Mädchen nicht verheimlicht, kommt es bald zu einem heftigen Streit, und Dannemann reagiert mit wüsten Beschimpfungen. Laut Harvey verlässt das Paar gegen 22.40 Uhr die kleine Party. Dannemann hat später die Auseinandersetzung mit Jimi bestritten und angegeben, zwei Stunden früher mit ihm ins Samarkand zurückgekehrt zu sein. Dagegen stehen die Aussagen von Gerry Stickells und Mitch Mitchell, die Hendrix am späten Abend in seinem eigenen Hotel, dem Cumberland, und nicht in Monikas Samarkand Hotel telefonisch erreicht haben wollen.

Spätestens hier beginnt Monika Dannemanns private Mythenkonstruktion, die sie trotz aller offenkundigen Selbstwidersprüche bis zu ihrem Selbstmord im April 1996 in unzähligen Varianten immer weiter ausgeschmückt hat. Danach hat sie Jimi gegen 23.00 Uhr ein Essen mit Fisch und Chips gekocht und dazu eine Flasche Weißwein serviert. Jimi soll ihr im Gegenzug als persönliche Widmung das Gedicht *The Story Of Life* geschrieben haben. Gegen 1.45 Uhr will Dannemann dann Hendrix zu der Party von Cameron gefahren haben. Die dort ebenfalls anwesenden Stella Douglas, Devon Wilson und Angie Burdon erklärten später, Hendrix sei wegen des vorangegangenen Streits noch immer wütend auf Monika gewesen. Als sie ihn eine halbe Stunde später wieder abholen wollte, habe er verschiedene Gäste gebeten, sie wegzuschicken, da sie wie eine Klette an ihm hänge. In schlechter Verfassung soll Hendrix dennoch gegen 3.00 Uhr morgens zusammen mit Dannemann die Party verlassen und mit ihr ins Samarkand zurückgekehrt sein – vielleicht, weil er dort noch seine geliebte schwarze Stratocaster-Gitarre deponiert hatte. Es scheint sicher zu sein, dass Jimi während oder kurz nach der Party einige sogenannte »Black-Bomber«-Amphetamine eingenommen hat. Zurück im Samarkand Hotel, will

The Story Of Life, vgl. S. 79

Monika Jimi Thunfisch-Sandwiches gemacht haben – er hasste nachweislich Thunfisch. Sicher ist, dass er bald darauf neun Pillen von Dannemanns Schlafmittel Vesparax genommen hat – die empfohlene Dosis des starken Beruhigungsmittels für acht Stunden festen Schlaf beträgt eine halbe Tablette. Wie er an das Medikament kam, bleibt unklar. Vierzig weitere Vesparax-Tabletten blieben unberührt im Badenzimmer liegen – laut Dannemann ein Beweis dafür, dass Hendrix sich nicht umbringen wollte. Angeblich haben sich beide gegen 7.15 Uhr schlafen gelegt. Monika will dann gegen 10.20 Uhr (spätere Zeitangaben variieren zwischen 9.00 Uhr und 11.00 Uhr) wach geworden sein. Hendrix habe noch friedlich geschlafen und sie sei deshalb kurz aus dem Haus gegangen, um Zigaretten zu holen. Als sie nach zehn Minuten zurückkehrte, habe sie Jimi in einer großen Lache von Erbrochenem vorgefunden. Er soll jetzt unregelmäßig geatmet haben. Anschließend machte Monika eine Reihe von Telefonaten, um Jimis Arzt ausfindig zu machen. Eric Burdon, den sie zufällig bei Alvina Bridges erreichte, drängte sie dazu, sofort einen Krankenwagen zu rufen. Der Anruf in der Notfallzentrale erfolgte um 11.18 Uhr, und um 11.27 Uhr traf der Krankenwagen am Samarkand ein. Laut Monika soll Jimi zu diesem Zeitpunkt noch am Leben gewesen sein. Die Sanitäter hätten ihr versichert, er könne noch am Nachmittag das Krankenhaus gesund verlassen. Man habe ihn aufrecht in einen Stuhl gesetzt und zum St. Mary Abbots Hospital transportiert. Sie will im Krankenwagen mitgefahren sein und sich nach der Ankunft in der Klinik um 11.45 Uhr mit dem zuständigen Notarzt über eine Vorzugsbehandlung von Jimi Hendrix gestritten haben. Der aber habe sie sofort seine rassistischen Vorbehalte gegenüber einem Schwarzen mit einer weißen Freundin spüren lassen. Im Hospital sei ihr mehrfach versichert worden, Jimi würde wieder gesund. Nach einer Weile habe sie dann von einer Schwester erfahren, dass der Patient verstorben sei.

Widersprüchliche Erinnerungen

Diese von Dannemann immer wieder aufgetischten Aussagen, stehen in diametralem Gegensatz zu den eidesstattlichen Erklärungen der Sanitäter, Ärzte und Polizeibeamten, die von der Krankenwagenbesatzung zur Wohnung im Samarkand gerufen worden waren. Danach stand die Wohnungstür weit offen, als die Sanitäter eintrafen. In einem abgedunkelten Zimmer auf dem Bett befand sich ein über und über mit Erbrochenem bedeckter Körper – niemand sonst sei in der Wohnung gewesen. Jimi Hendrix war offensichtlich schon seit längerem tot, seine Atemwege waren vollständig verstopft. Das gesamte Krankenhauspersonal beteuerte, dass Monika Dannemann an jenem Morgen nicht in der Klinik gewesen sei. Auch die beiden Krankenwagenfahrer bestätigten, keine Frau mitgenommen zu haben. Obwohl die beiden behandelnden Ärzte Dr. John Bannister und Dr. Martin Seifert unmittelbar nach Hendrix' Ankunft seinen Tod diagnostizierten, wurden sofort verschiedene Routine-Prozeduren zur Wiederbelebung eingeleitet – ohne Erfolg. Später bekräftigten die Ärzte in einer gerichtlichen Untersuchung, es habe eindeutige Indizien dafür gegeben, dass der Patient schon längere Zeit tot gewesen sei. Unmengen roten Weins seien aus Mund und Nase ausgetreten, Haare und Kleidung davon regelrecht durchtränkt – obwohl der Alkoholgehalt seines Blutes überraschend niedrig gewesen sei. Die hohe Dosis des Schlafmittels in Kombination mit dem Amphetamin habe eine Lähmung der Atemwege bewirkt, so dass der Patient an seinem eigenen Erbrochenen erstickt sei. Am 19. September 1970 um 12.45 Uhr wurde der größte Gitarrist der Rockgeschichte offiziell für tot erklärt.

»Es war entsetzlich. Die ganze Szene steht mir noch so lebendig vor Augen, weil man nicht oft Menschen sieht, die in ihrem Rotwein ertrunken sind.« (Dr. Bannister am 18. Dezember 1993 in der *Times* über die Todesursache; zit. n. Brown 1997, S. 143, Ü. d. A.)

Eine plausible Rekonstruktion der letzten 36 Stunden im Leben von Jimi Hendrix ist bis heute nicht gelungen. Monika Dannemann, die als Einzige wusste, was in dieser Zeit wirklich passiert war, flüchtete sich mit zunehmenden Ungereimtheiten in eine Mordtheorie. Zum 5. Todestag von Hendrix erklärte sie 1975: »Ich glaube fest daran, dass man ihn vergiftet hat, dass er ermordet wurde. Es gibt dafür einige Beweise, aber man kann damit nicht zur Polizei gehen. Da steckt eine ganz andere Sache dahinter, eine mächtige Gruppe. Ich denke, es ist die Mafia.« (zit. n. Brown 1997, S. 126) Schon früher hatte Dannemann den Verdacht geäußert, jemand sei während ihrer zehnminütigen Abwesenheit in die Wohnung eingedrungen und habe Hendrix ermordet. Für diese Verschwörungstheorie blieb sie allerdings jeden Beweis schuldig.

Eric Burdon

Eric Burdon war zunächst von einem Selbstmord überzeugt, weil er neben dem Hotelbett den mutmaßlich letzten von Hendrix' Hand verfassten Text *The Story Of Life* entdeckt hatte. Die drei doppelseitig mit Jimis Handschrift gefüllten Seiten waren undatiert, deuteten aber durch die auf der ersten Seite in Klammern gefasste Tempobezeichnung »slow« darauf hin, dass es sich um den Textentwurf für einen Song handelte. Textzeilen wie »At the moment that we die / All we know is / God is by our side« und der wehmütige Abschiedston, der sich durch den Text zieht, mussten Burdon zu der Annahme verführen, Jimis Abschiedsbrief in den Händen zu halten: »Er starb, weil er es so wollte. Sein Tod war freiwillig, und er starb glücklich. Die Drogen benutzte er, um dieses Leben verlassen und in ein anderes hinüberwechseln zu können. Denn er hatte erkannt, dass er dringend korrigieren musste, was mit seiner Organisation schieflief, dass er künstlerisch längst erstickte und um seinen rechtmäßigen Lohn betrogen wurde. Als er aber merkte, dass das einem künstlerischen Selbstmord gleichkommen würde, machte er Schluss, da ihm der Zeitpunkt dafür gekommen schien.« (zit. n. Brown 1997, S. 155)

Jimi Hendrix' Grab in Seattle

Mit diesen Behauptungen, in einem BBC-Interview geäußert, machte sich Burdon nicht nur in England wenig Freunde und musste sich kurze Zeit später dafür entschuldigen. Vor allem die Schlussstrophe von *The Story Of Life* eröffnete den Interpretationsspielraum für die Annahme, Hendrix habe hier seinen eigenen Tod poetisch antizipiert: »The story of life is quicker than the wink of an eye / The story of love ist hello and goodbye / Until we meet again.« Ebenso plausibel aber erscheint die Lesart, dass Hendrix hier einen poetisch verschlüsselten Abschiedsbrief an Monika Dannemann verfasst hat, der er inzwischen – nicht zuletzt wegen der heftigen Streite-

The Story Of Life

reien während der Stunden zuvor – überdrüssig geworden war. Eric Burdon wird später noch deutlicher: »Im Geheimen argwöhnen einige Freunde Jimis, dass es Monika war, die Jimi eine hohe Dosis ihrer starken deutschen Schlaftabletten verabreicht hat, um ihn an der Rückkehr nach Amerika zu hindern – und die ihn aus Versehen umgebracht hat.« (Burdon 2004, S. 170)

Verübte Hendrix in zunehmender Verzweiflung über sein verworrenes Leben Selbstmord? War er das Opfer einer Musikindustrie, die ihn – weil ausschließlich am Profit interessiert – erbarmungslos auspresste? War sein Tod ein bedauernswerter Unfall, oder hat Hendrix ihn in einer latent suizidalen Disposition »billigend« in Kauf genommen? Vom Musik-Impresario Fritz Rau stammt das treffende Wort vom »elektrischen Ikarus«, der zu schnell zu hoch geflogen und dabei verglüht sei.

»Jimi litt am meisten unter Langeweile. Vielleicht war die am Ende für ihn tödlich.« (Robert Wyatt über Hendrix' beständige Frustration; zit. n. Kemper 2008)

Am 1. Oktober 1970 wurde Jimi Hendrix in der Dunlap Baptist Church, Seattle, im Kreis der Angehörigen, Nachbarn, Freunde und zahlreicher Musikerkollegen beigesetzt. Nicht nur dass der weiße Pfarrer Jimis Namen ständig falsch aussprach, auch das riesige Blumenarrangement Mike Jefferys in Form einer Gitarre gab dem traurigen Anlass eine eher kitschig-triste Note. Daran konnte auch die Jam-Session von Johnny Winter mit Buddy Miles, Mitch Mitchell und Noel Redding anschließend nichts ändern. Eric Clapton (zit. n. Shadwick 2003, S. 242, Ü. d. A.) brachte es später auf den Punkt: »Es ist der Fluch des Genies, dass es einsam bleibt. Niemand kann dir wirklich folgen, wenn du mit deinem Spiel an die Tiefen in deinem Innern rührst. An diesen Ort, an den du hinabtauchst, kannst du niemanden mitnehmen – und du triffst dort manchmal auf unheimliche Dinge. Du bleibst allein dabei und musst aus eigener Kraft weiterleben. Man macht sich normalerweise keine Gedanken darüber, dabei gehört dieser Fluch von Anfang an zum Talent dazu – und das besaß Hendrix im Überfluss.«

Werk

Spielen, spielen, nichts als spielen – Hendrix war davon besessen, die Gitarre als Interface zu seiner ansonsten sorgsam abgeschotteten Innenwelt zu nutzen. Sie erst schaffte ihm die Verbindung seiner schon früh wund gescheuerten Seele zu den Mitmenschen. Weder vor ihm noch nach ihm hat ein Rockmusiker in so kurzer Zeit eine solche verwirrende Fülle von Aufnahmen in tausenden von Studio-Stunden hinterlassen wie Jimi Hendrix. Dazu kamen in den vier Jahren seiner internationalen Karriere mehr als 500 Konzerte. Am wirkungsmächtigsten bis heute aber sind die drei Studio-Alben der klassischen Jimi Hendrix Experience. Hier erfand er im rudimentären Trio-Format die Regeln des Rock neu, indem er die Ästhetik der Black Music mit ihren Wurzeln im Blues und Rhythm 'n' Blues für ein vorwiegend weißes Publikum übersetzte. Ähnlich wegweisend war das Live-Album der Vgl. S. 95 Band Of Gypsys, zeigte es doch einen Richtungswechsel von Hendrix an: In seinem letzten Lebensjahr wandte er sich wieder verstärkt afro-amerikanischen Musikstilen wie Soul und Funk zu – allerdings im Durchgang durch das »Fegefeuer seiner Rock-Erfahrungen«. Als vierte Studio-Produktion hatte Hendrix 1970 ein Doppelalbum namens *First Rays Of The* Vgl. S. 99 *New Rising Sun* geplant. Leider wurde es zu seinen Lebzeiten nicht mehr veröffentlicht und kam erst 27 Jahre später unter dem Originaltitel und auf der Basis der noch von Jimi konzipierten Tracklist auf den Markt. Die meisten der postum zuvor schon veröffentlichten Studio-Alben kreisten um die Aufnahmen für *First Rays Of The New Rising Sun* und können nur in diesem Kontext erschlossen werden.

»Ich wende mich der Welt zu / Aber was hat sie mir schon zu bieten außer Schulterklopfen [...] Sagt diesem Idioten, er soll verdammt noch mal aus mir rausfahren / Und helft mir aus diesem Spiegelkabinett raus!« (Hendrix in einer Rezitation des ursprünglichen Textes von *Room Full Of Mirrors*; zit. n. Cross 2006, S. 223)

Die klassischen Alben

Are You Experienced?

Album (UK), The Jimi Hendrix Experience, Track Records 612 001, 12. Mai 1967

Ein Debüt wie ein Donnerschlag: Dieses erste Album machte Hendrix über Nacht zu einem internationalen Star. Hier materialisierte sich die Idee eines neuen Psychedelic Rock, weil Hendrix zusammen mit dem experimentierfreudigen Toningenieur Eddie Kramer Gitarrenspuren rückwärts einspielte, die Gesangsstimme verlangsamte oder beschleunigte, Rückkoppelungen melodisch einsetzte, Halleffekte musikalisch manipulierte, kurz gesagt: das Studio wie ein Musikinstrument nutzte. Die Aufnahmen begannen am 23. Oktober 1966 und endeten 16 Studio-Sessions später am 4. April 1967. Eingespielt in drei verschiedenen Londoner Locations: den CBS Recording Studios, De Lane Lea Music Ltd. und den Olympic Sound Studios, entstand eines der größten Rockalben aller Zeiten.

> »Psychedelische Rockmusik ist voller Widerhall, schwankender Harmonien, gleichberechtigter Formen, geschmolzener Klanggestalten. [...] Sie führt zu einer Depersonalisierung des Zuhörers durch ihre exzessive Länge, Wiederholung, Lautstärke und räumliche Tiefe.« (Der Sixties-Forscher Michael Hicks; Hicks 1999, S. 73, Ü. d. A.)

In der europäischen Ausgabe enthielt es elf Titel – ohne die Single-Hits *Hey Joe / Stone Free*, *Purple Haze / 51st Anniversary* und *The Wind Cries Mary / Highway Chile*. In der amerikanischen Ausgabe wurden *Red House*, *Can You See Me* und *Remember* durch *Hey Joe*, *Purple Haze* und *The Wind Cries Mary* ersetzt. Auf Nachfrage, warum ausgerechnet *Red House* weggelassen wurde, teilte man Hendrix lakonisch mit, dass in Amerika die breite Masse den Blues eben nicht schätze. Dabei musste schon das erste Stück der Platte auf puritanische Gemüter wie ein Sündenfall wirken. *Foxy Lady* mit den gleichen
Vgl. S. 31 Grundakkorden wie *Purple Haze* kommt als schamloser Macho-Stomper daher, als pure Sex-Hymne. Normalerweise fei-

erte Jimi die Frauen als Engel und Heilige. Die Frau weiß um ihre Verführungskräfte: »Foxy« bedeutet hier vor allem »gerissen«, nicht allein »sexy«: »You know you're a cute little heartbreaker / And you know you're a sweet little lovemaker.« *Manic Depression* geht auf das traurige Erlebnis von Hendrix bei einem Auftritt im Londoner »Roundhouse« zurück, als ihm seine Gitarre gestohlen wurde. Weil Jimi anschließend in düsterer Stimmung war, nannte ihn Chandler einen »manic depressive«. Der schräge Walzer im Dreivierteltakt entpuppt sich als Soundpoem einer Psychose. Allein das El Dorado der Musik kann ihm inmitten der ganzen »frustrating mess« noch Glücksmomente bieten: »Feeling, sweet feeling / Drops from my fingers, fingers.«

Mit *Red House* erreicht Jimi die sichere Heimstatt des Blues. Vgl. S. 49 In H-Dur geschrieben, mit der um einen Halbton nach unten gestimmten Gitarre in B-Dur aufgenommen, erzählt der Text – ganz dem Blues-Klischee entsprechend – von einer zerronnenen Liebe. Doch Hendrix bricht das Klischee, nachdem der klagende Sänger seine Liebste zahllose Tage und Nächte nicht mehr gesehen hat. Bei ihm sind es augenzwinkernd exakt: »99 and one half days«. Die Schlösser am Haus der Freundin wurden ausgetauscht. Doch Jimi scheint darüber nicht allzu traurig, besitzt er doch noch seine erste Liebe: »That's allright, I still got my guitar.« Und am Ende nimmt der Song gar eine ironische Wende zum Guten: »'Cause if my baby don't love me no more / I know her sister will!«

Albumcover »Are You Experienced«

Jimis Fähigkeit, ein eingängiges Rock-Riff nach dem anderen aus dem Ärmel zu schütteln, kann man in *Can You See Me?* erleben. Nach dem Riff hält Hendrix plötzlich mit einer einzigen gedehnten Note im Hank-Marvin-Stil inne. Er ist hier nicht mehr der »nice guy«, sondern er ist wütend über seine Unfähigkeit zu kommunizieren, der Umgebung die wahren Gefühle mitzuteilen. Auch im nachfolgenden *Love Or Confusion* folgt Hendrix seiner inneren zweifelnden Stimme, die nicht weiß, ob sie Liebe, Wahrheit oder nur Verrat gefunden hat. Gefühl und Verstandeslogik sprechen hier unterschiedliche Sprachen: »My heart burns with feelin' / Oh, but my mind is cold and reelin'.« Und es geht weiter im Fegefeuer der Gefühle: *I Don' Live Today* ist einer von Hendrix' traurigsten Songs. Er handelt von den barbarischen Zuständen in den Großmutter Nora, vgl. S. 12 amerikanischen Indianerreservaten. Vielleicht hat seine Großmutter Nora ihn mit den drei fatalen A des Indianerschicksals bekannt gemacht: Arbeitslosigkeit, Armut, Alkohol – ein Leben ohne Gegenwart und ohne Zukunft (»No sun comin' through my windows / Feel like I'm living at the bottom of a grave«). Durch die indianisch gefärbte Trommelsprache Mitchells inspiriert, wirbelt Hendrix hier durch seinen Solo-Part, bei dem vier Gitarrenspuren miteinander verblendet werden. In *May This Be Love*, einer weich dahingleitenden Ballade, spürt Hendrix instinktiv, dass viele Charakteristika seiner Musik sich auch in den verschiedenen Erscheinungsformen von Wasser wiederfinden: ozeanische Weite, ein sanftes Strömen, Ruhe und Kraft wie an einem stillen See, Kaskaden von Tönen ähnlich den unzähligen Perlen eines Wasserfalls. Die Wassermetaphorik bedeutet für Hendrix hier die Rückzugsmöglichkeit nach innen. Musikalisch verleihen die fließenden Glissandi und Echowiederholungen dem Stück eine aquatische Aura, vom Rockrhythmus der zweiten Strophe nur kurzzeitig geerdet.

Vgl. S. 40 Mit *Fire* ist Hendrix dann zurück auf der Rhythm-'n'-Blues-Tour. Der Refrain »Let me stand next to your fire!« hat einen ganz prosaischen Hintergrund: Als Jimi Weihnachten 1966 Noel Redding zu Hause bei seiner Mutter besuchte, wurde er von einem lodernden Feuer im Kamin empfangen. Weil er für die Außentemperaturen zu dünn angezogen war, bat er darum, sich vor dem Kamin aufwärmen zu dürfen. Da lag allerdings schon der Hund des Hauses, ein deutscher Schäferhund, und so kam es zu dem berühmten Ausruf im Song: »Oh move over, Rover, and let Jimi take over!« In dem fast Vgl. S. 31 siebenminütigen *Third Stone From The Sun* dagegen lässt Hendrix seinen Science-Fiction-Phantasien freien Lauf: Was mit süffigen Lead-Gitarren-Linien wie ein Shadows-Instrumental beginnt, endet in einer kosmischen Klang-Katastrophe. Nach Chas Chandler ist eine Geschichte namens »Earth Abides« von George R. Stewart die Inspirationsquelle des Songs gewesen. Jedenfalls war dieses Stück das erste in einer ganzen Reihe düsterer Science-Fiction-Songs von Hendrix. In doppelter Geschwindigkeit abgespielt, klingt Jimis verlangsamter Sprechgesang hier wie ein interstellarer Witz: Die Erde darf zerstört werden, weil man dann zumindest »nie wieder Surf Music hören muss«. Nach der kosmischen Apokalypse

»Mit dem ›dritten Stein der Sonne‹ ist hier die Erde gemeint. Die Leute kommen von einem anderen Planeten und beobachten die Erde eine Weile. Dann müssen sie erkennen, dass Hühner die schlauesten Lebewesen auf dem ganzen Erdball sind. Und weil es dort sonst nichts Besonders gibt, vernichten sie am Ende die Erde.« (Hendrix über seinen Song *Third Stone From The Sun*; zit. n. Shapiro / Glebbeek 1990, S. 177, Ü. d. A.)

kommt mit *Remember* ein Song zum Durchatmen. Die gradlinige R&B-Hommage an Otis Redding ist der einzige Track des Albums, der im damaligen Mainstream der Black Music wurzelt.

Mit der majestätisch-deklamatorischen Rock-Symphonie *Are You Experienced?* endet das Album, angetrieben von Mitchells militärischen Trommelwirbeln. Das Song-Intro klingt wegweisend nach zeitgenössischen HipHop-Scratch-Sounds. Hendrix erzielte sie damals durch rhythmisierte, rückwärts laufende Tonbandaufnahmen. Hier wollte Hendrix mit sich selbst ins Reine kommen, inneren Frieden schließen: »Not necessarily stoned, but beautiful.« Das ist das Ziel aller Erfahrung!

»Hendrix verkörpert eine neue Dimension elektrischer Gitarrenmusik, was hier einer Ein-Mann-Attacke auf die Nervenzellen gleichkommt.« (Der *New Musical Express* am 20. Mai 1967 über Hendrix' Debütalbum; zit. n. Shapiro / Glebbeek 1990, S. 169, Ü. d. A.)

Axis: Bold As Love

Album (UK), The Jimi Hendrix Experience, Track Records 613003, 1. Dezember 1967

Vgl. S. 113 f.

Für Noel Redding handelte es sich bei dieser Platte um das eigentliche Meisterwerk der Experience – nicht zuletzt wegen der Song-Klassiker *Little Wing* und *Bold As Love*: »Das erste Album war sehr rau, auch das zweite war rau, aber in wesentlich raffinierterer Form.« (zit. n. Egan 2002, S. 170, Ü. d. A.) Oder anders gesagt: Während *Are You Experienced?* zeigte, was passiert, wenn ein Rhythm-'n'-Blues-Musiker die psychedelische Rockmusik erforscht, kehrte *Axis* den Vorgang um: Ein psychedelischer Pop-Prediger entdeckt im Durchgang durch elektronische Experimente und herzerweichende Balladen seine unverlierbaren Wurzeln im Rhythm 'n' Blues. Im Oktober 1967 über einen Zeitraum von 16 Tagen fertiggestellt, spiegelte *Axis* stärker als sein Vorgänger die Gruppenleistung der Band. Man merkt den Aufnahmen an, dass sie in einer Phase entstanden sind, als sich die Experience in einem inneren Gleichgewicht befand, sich als gutgelaunte Einheit verstand. Viele der Texte schrieb Hendrix erst während der Aufnahmesessions. Auch sein inzwischen regelmäßiger LSD-Konsum wird hier spürbar: Fast alle Songs leben in einer luftigen, gleichsam flüssigen Atmosphäre.

Schon der Eröffnungstitel gibt den kosmischen Grundton vor: *EXP* zitiert kurz *Stone Free*, bevor ein Radiomoderator (Mitchell) mit Helium-Falsett und ein Außerirdischer (Hendrix) mit dem Decknamen Paul Caruso auf Radio EXP über die Existenz von UFOs diskutieren: »Are there or are there not flying saucers or UFOs.« Jimis Stimme wird durch eine kontinuierliche Verlangsamung der Bandgeschwindigkeit immer tiefer (»As you well know, you just can't believe everything you see and hear, can you?«), bevor er schließlich mit seinem

»Das Ganze klingt, als würden Dinosaurier während eines Atomkriegs miteinander kämpfen.« (David Crosby im Dezember 1967 über das Eröffnungsstück auf *Axis: Bold As Love*; zit. n. McDermott / Kramer 1992, S. 92, Ü. d. A.)

Raumschiff abhebt. Lärmwolken, die als weißes Feedback-Rauschen aus Hendrix' Gitarre aufsteigen, umkreisen in einem Stereo-Rotationseffekt den Hörer, verblassen für Momente, um erneut bedrohlich anzuschwellen.

Ein harter atmosphärischer Bruch: *Up From The Skies* mit seiner Sorge um »mother earth« kommt als lockere Swing-Nummer daher, bei der Mitchell im Stil seines Vorbilds Philly Joe Jones mit Jazzbesen agiert. Ein laid-back-Gefühl macht sich breit, die »faulen« Gitarrenlicks finden ihre Entsprechung im lässigen Gesang. *Spanish Castle Magic* besitzt als einziger Song des Albums die Rockschwere von *Are you Experienced?* Kein Wunder, dass dieses Stück in der Hendrix-Gemeinde zum Klassiker für Headbanger wurde. Der Text bezieht sich auf jene Tanzhalle namens »The Spanish Castle« im Süden von Seattle, wo Jimi während seiner High-School-Zeit oft mit lokalen Bands, z. B. den Wailers, gejammt hat: »It's very far away, it takes about half a day / to get there by my ah ... dragonfly.« Jimi singt das Stück mit der Stimme eines Jugendlichen, der tausend Meilen entfernt auf einem anderen Kontinent gestrandet ist. Am Ende murmelt er fast resigniert – obwohl seine Performance die Aussage Lügen straft –: »Ich kann keinen Song singen.«

Vgl. S. 19

Wait Until Tomorrow klingt, als hätte man *Stone Free* mit *Fire* vom ersten Album gekreuzt. Die Medium-Tempo-Ballade handelt vom coolen romantischen Rollenspiel: boy meets girl (»We planned to run away together (...) but now you're telling me, think we better wait 'til tomorrow«). Das Rhythm-'n'-Blues-Gitarrenriff klingt hier ebenso gutgelaunt wie der Backgroundgesang von Mitchell und Redding. *Ain't No Telling* erzählt kurz aber komplex, geradeaus und vorwärts drängend von Frustrationen auf Tournee und dem Wunsch, nach Hause zu kommen. *If 6 Was 9* verbreitet eine martialische Stimmung, wofür nicht allein die stoischen Unisono-Riffs von Gitarre und Bass verantwortlich sind. Der Text spielt auf ein Zappa-Zitat an, in dem es um den Unterschied zwischen Hippies und Freaks geht. Jimi fühlte sich eindeutig den Freaks verpflichtet: »If all the hippies cut off their hair, I don't care.« Mit *You've Got Me Floatin'* ist Chandler nie richtig warm ge-

Hippies und Freaks

worden: »Das war für mich einer der schwachen Songs auf der Platte.« (zit. n. McDermott/Cox/Kramer 1995, S. 40, Ü. d. A.) Dabei funktioniert die R&B-Formel, angereichert durch Mitchells Latin-Beat à la Mongo Santamaria, perfekt.

Die Parabel *Castles Made Of Sand* spielt mit drei unterschiedlichen Szenarios. Die erste Strophe zeigt beklemmende Szenen einer Ehe: Der betrunkene Mann wird von seiner Frau aus dem Haus geworfen und macht sich zum Gespött der Nachbarschaft. In der zweiten Strophe erzählt Hendrix von einem jungen Indianer, der seit den Kriegsspielen seiner Jugend davon träumt, ein ruhmreicher Häuptling zu werden. Als er dann in die Schlacht zieht, entpuppen sich seine Wunschträume als Illusion, und er wird durch einen Überraschungsangriff im Schlaf getötet (»And fight his first battle, but something went wrong. / Surprise attack killed him in his sleep that night.«). Die dritte Strophe wendet den Song dann vollends ins Negative: Ein junges Mädchen, stumm und verkrüppelt, beschließt, ihrem Leben ein Ende zu setzen. Als sie ihren Rollstuhl gerade an den Rand der Klippen gelenkt hat, erblickt sie ein Schiff mit goldenen Flügeln und kann plötzlich aufstehen und sprechen (»But then a sight she'd never seen made her jump and say / ›Look, a golden winged ship is passing my way‹.«). Wegen dieser Schlussstrophe hat man Jimi in der hedonistischen Popszene wiederholt der Grausamkeit bezichtigt. Seinem Bruder Leon erklärte Jimi später, dass das Lied in Wahrheit von ihrer Familie erzähle: »Der Indianerhäuptling bin ich selbst. Die erste Strophe handelt dage-
Vgl. S. 17 gen von den Streitereien zwischen Mom und Dad, und in der dritten Strophe geht es um unsere Mutter und ihren Tod.« (zit. n. Roby 2002, S. 77, Ü. d. A.) »Sand« indiziert Unsicherheit: Nichts ist von Dauer, weder das Leben noch die Liebe, die Loyalität, die Familienbande oder Freundschaften.

Noel Reddings Beitrag als Songwriter lautet: *She's So Fine*. Im Stil des damals gängigen Brit-Pop à la The Who geschrieben, singt der Bassist hier auch die Lead-Vocals. Selbst Jimis Gitarrensolo klingt ein bisschen nach Pete Townshend. Von anderem Kaliber ist dagegen *One Rainy Wish*. Was als Dreivierteltakt-Ballade beginnt, mündet in eine Heavy-Rock-Nummer.

Die betörende Melodie mit ihren Widerhaken wird von tropfenden Noten der Gitarre verziert, die frischen Regen signalisieren. Obwohl der Text drogeninduziert und wie ein verschwommener Traum klingt, sind die unklaren Bilder doch wunderbar ausgemalt. *Little Miss Lover* signalisiert den Übergang von Träumereien zu sexuellen Begierden. Das Wah-Wah wird hier von Hendrix bei abgedämpften Saiten rein perkussiv eingesetzt. Der Text scheint auf die zahllosen Sex-Angebote von Groupies während der US-Tour der Experience anzuspielen. Mitch Mitchell liefert hier eines der markantesten Schlagzeugintros jener Jahre.

Das psychedelisch anmutende Album-Cover verdankt sich einem produktiven Missverständnis: Jimi hatte sich ein Bild gewünscht, das auf seine indianische Herkunft anspielt. Stattdessen lieferten die Designer David King und Roger Law einen Entwurf, der die indische Gottheit Vishnu in verschiedenen Variationen zeigt. Das Trio wurde nachträglich von Roger Law in dieses massenhaft verbreitete Poster hineingemalt. Als das Album mit vierwöchiger Verzögerung in den USA erschien, adelte der *Rolling Stone* Jimi Hendrix zum »Charlie Mingus of Rock«. Das Album zelebriere eine Art »apokalyptischen Idealismus.«

Electric Ladyland

Double LP (USA / UK), The Jimi Hendrix Experience, Reprise Records 2RS6307, USA 17. September 1968 / Track Records 613 008 / 9, England 25. Oktober 1968

In 75 Minuten versammelt das Album alle Genres der populären Musik: Delta-Blues, Psychedelic-Rock, Soft-Soul, Pop, R&B, Jazz / Funk, Rock 'n' Roll, Elektronik – ohne dass die Stücke je in einem der Stile aufgehen würden. Waren die ersten beiden Alben unter Zeitdruck entstanden, so war es Jimi im Frühjahr 1968 leid, noch länger auf die Studiouhr zu schauen: Er wollte jetzt nach Herzenslust experimentieren. Kein Wunder, dass Chas Chandler, der immer noch das Drei-Minuten-Pop-Single-Format als Produktionsideal vor Augen hatte, vom quälend langsamen Fortgang der Aufnahmen und den epischen Längen der Stücke frustriert war und Anfang

Vgl. S. 51 Mai im New Yorker Record Plant Studio seine Mitarbeit als Produzent aufgab. Noel Redding besaß ebenfalls wenig Verständnis für den langatmigen Perfektionismus, den Hendrix jetzt an den Tag legte, so dass er nur auf fünf Stücken des Albums zu hören ist. Endlich konnte Jimi seinem »assoziativen Stil« frönen und auf der Gitarre alle möglichen Sounds und Geräusche nachahmen: Die Klanglandschaften des Albums lassen die Musik wie einen Film aus Tönen im Kopf des Zuhörers ablaufen.

> »Einige Mädchen wissen mehr über Musik als Jungen. [...] Manche nennen sie ›groupies‹, aber ich bevorzuge den Ausdruck ›electric ladies‹. Mein ganzes Album handelt von ihnen.« (Jimi Hendrix über den Titel seines dritten Studioalbums; zit. n. Shapiro / Glebbeek 1990, S. 308, Ü. d. A.)

Zunächst geht es um Götterliebe. Als eine Art Gegenstück zu *EXP* vom Vorläuferalbum klingt *And The Gods Made Love* wie ein Sound-Gemälde des Himmels in 81 Sekunden. Man glaubt die entfernten Vibrationen der Entstehung des Universums zu hören. Ursprünglich unter dem Titel *At Last The Beginning* konzipiert, verblendet die elektronische Collage den Sound einer Kesselpauke und Echoschleifen des von Jimi gesprochenen Satzes: »Okay, one more time« – alles extrem verlangsamt und zugleich rückwärts zugespielt. In Aufbau und Struktur erinnert das nachfolgende *Have You Ever Been In Electric Ladyland* an andere Balladen wie *Angel* oder *Little Wing*. Und doch ist dieses Lied durch das synkopierte Arrangement stärker in der Nachfolge des weichen Schmuse-Sounds der Impressions und der Gitarrenarbeit Curtis Mayfields angesiedelt. Hendrix predigt hier absolute Selbstverlorenheit und ein vollkommenes Einssein mit dem Universum, seinem »loveland«: »Good and evil lay side by side while electric love penetrates the sky.« Was aus dem Mund eines anderen wie billige, drogeninduzierte New-Age-Schwärmerei wirken würde, wird bei Hendrix durch cremigem Falsett-Gesang, seidige Gitarrenriffs, silbrige Verzierungen und schwerelose Studio-Effekte als völlig authentisch beglaubigt.

Tourplakat von Günther Kieser

Der Text von *Crosstown Traffic* schmeckt nach Manhattan: Man meint die vorbeirasenden Buick-Straßenkreuzer zu hören, den Dampf aus den Gullys zu riechen. Dabei verheißt der Song ein sündiges Vergnügen, indem er mit der Auto / Sex-Metaphorik spielt: »I'm not the only soul who's accused of hit and run / Tire tracks all across your back / I can see you had your fun.« Es sind die boogiegetriebenen Gossenweisheiten, die dem Song seine Schubkraft verleihen: schnell, dreckig und rau. Auch ein subtiler Scherz fehlt nicht: Der anwesende

Dave Manson Traffic-Gitarrist Dave Manson darf in jedem Refrain lauthals den Namen seiner Band singen. Das nachfolgende *Voodoo Chile* sollte zusammen mit dem schwerblütigen zweiten Teil **Vgl. S. 116** *Voodoo Child (Slight Return)* am Ende des Albums später ganze Heerscharen von Hardrock-Bands inspirieren. Das lässt sich von *Little Miss Strange* nicht behaupten. Dieser Noel-Redding-Song – eine Hommage an eine eingebildete, kleine Verführerin – wirkt wie ein unerheblicher Mainstream-Pop-Tune im Stil der Beatles und Small Faces und bleibt im Gesamtzusammenhang des ambitionierten Albums ein Fremdkörper. Dennoch fühlt sich Jimi hier als Sideman hörbar wohl, während Noel seine Rolle als Sänger liebt.

In *Long Hot Summer Night* ist der Text kaum der Rede wert: Mann ist traurig, weil Frau ihn verlassen hat (»my heart was way down in a cold, cold winterstorm«). Mann wird wieder glücklich, als Frau zu ihm zurückkehrt (»I'm so glad that my baby's comin' to rescue me«). Hendrix sucht hier eine mystische Frau, die inneren Frieden und Erlösung verkörpert. Es folgt ein abrupter Stimmungswechsel: *Come On (Part 1)* entpuppt sich als gradlinige Ausarbeitung von Earl Kings erstem und einzigen Rock-'n'-Roll-Hit aus den Fünfzigern. Doch während Kings Gitarre clean klingt, ist Jimis Ton saftig verzerrt.

Mit *Gypsy Eyes* liefert Hendrix ein Musterbeispiel seines Konzepts »Gitarre schafft Bewegung«. Das Gefühl von Drive, von einem unwiderstehlichen Vorwärtsschub, entsteht schon im Song-Intro durch das Phasing eines Vierviertel-Beats an Bass-Drum und Hi-Hat. Dann Signature-Riff, eine kleine prägnante, unverzerrte Gitarrenfigur und ein perkussives Chikka-Chikka-Scratching. Angelehnt an *Rollin' and Tumblin'*, einen Blues-Klassiker, singt Hendrix unisono zu seinen Gitarrenlinien, im ersten Teil ganz ohne Bassbegleitung. Obwohl der Text wie eine Liebeserklärung an ein heißblütiges Mädchen wirkt, die alle seine Wünsche erfüllen könnte, ist er in Wahrheit eine anrührende Erinnerung an Jimis Mutter. Und er ist sich sicher, sie irgendwann wiederzusehen: »Off the side I fall, but I hear a sweet call / My Gypsy Eyes is comin' and I been saved.«

Im Sommer zuvor schon als Single veröffentlicht, kam mit *Burning Of The Midnight Lamp* noch ein englisches Relikt auf das durch und durch amerikanisierte Album. Hendrix hat diesen Song in einem Flugzeug, in ein paar tausend Metern Höhe geschrieben. Das »Haus in der Wüste« mag als Metapher für Jimis eigene, nur mühsam unterdrückte Frustration verstanden werden. Vielleicht hat er während des Flugs von L. A. nach New York erstmals die Kehrseite seines Ruhms als »electric gypsy« erfahren: Du kommst als Attraktion in eine Stadt, absolvierst deine Show, ziehst weiter, hinterlässt kaum persönliche Spuren, kannst keine Wurzeln schlagen, keine Heimatgefühle entwickeln, keine dauerhafte Liebe finden. Deshalb darf »the midnight lamp« hier auch primär als Leuchtfeuer verstanden werden, das mit seinem Lichtsignal nach jemandem ruft, der bereit ist, Jimi Hendrix zu verstehen. Schon das einleitende Motiv, unisono von einem Baldwin-Cembalo und der Gitarre über ein Wah-Wah-Pedal gespielt, ist alles andere als ein typisches Pop-Riff. Es könnte vielmehr mit seinen repetitiven Elementen aus einem Kanon von Johann Pachelbel oder Henry Purcell stammen. Die hypnotische Melodielinie hat Jimi durch Herumprobieren auf einem Cembalo gefunden – obwohl er gar kein Tasteninstrument spielen konnte. »Man sagte mir in England, das sei unsere bis dato schlechteste Platte. Für mich aber war es die beste, die wir je gemacht haben.« (zit. n. Doggett 2004, S. 23)

Vgl. S. 46

Von einer besonderen Zeiterfahrung handeln *Rainy Day, Dream Away* und der zweite Song-Teil *Still Raining, Still Dreaming*. Hendrix hatte entschieden, den ursprünglich achtminütigen Titel zu teilen, um die Improvisationen nicht langatmig wirken zu lassen. Begonnen als Warm-up der Musiker im Stil einer losen Blues-Jam-Session, nur mit einer kleinen Gitarrenfigur à la Charlie Christian im Sinn, besaß Hendrix eine klare Vorstellung vom jazzigen Groove, den er wollte: eine rauchige Nightclub-Atmosphäre. Kein einziges Experience-Mitglied spielt hier mit, dafür Musiker einer Band namens The Serfs, die gerade in einem benachbarten Studio aufnahmen. Sie bedienen sich klassischer »Call-and-Response«-Stilmittel. Schon bald wandern die Motive im Gospel-Stil zwischen Gitarre und Saxophon hin und her, erweitern sich zu einem Dreiergespräch, an dem auch die Orgel als Bassersatz teilnimmt. Der Text entstand in Florida, als sich die Experience im Mai 1968 auf einer verregtenen Rückfahrt vom Miami Pop Festival befand.

In *House Burning Down* plädiert Hendrix einerseits für friedliche Gelassenheit, auf der anderen Seite liefert er eines der aufrührerischsten, gewalttätigsten Gitarrensoli seines Lebens: Wie in einem Feuersturm jagen die scharfen Tonsplitter aus den hohen Registern durch die Lautsprecher, während Hendrix singt: »Look at the sky turn a hellfire red, Lord.« In einem seiner besten Texte wünschte sich Jimi anstelle von Hasstiraden friedvolle Zurückhaltung in jenen Rassenkrawallen, die in den langen Sommernächten 1968 in den Ghettos großer amerikanischer Städte ausbrachen. Er hatte nie mit militanten Schwarzen wie den »Black Panthers« sympathisiert, die zu diesem Zeitpunkt verstärkt in seine Konzerte kamen und ihn für ihre Sache zu rekrutieren versuchten. Weil ihn der Mord Vgl. S. 50 an Martin Luther King nachhaltig erschüttert hatte, lautet die zentrale Botschaft des Songs: »Try to learn instead of burn, hear what I say.«

Als bis heute kommerziell erfolgreichstes Hendrix-Album erreichte es Platz 1 der amerikanischen Charts. Die für damalige Verhältnisse gewaltigen Produktionskosten von 70 000 Dollar hatten sich also rentiert. Billig wirkte dagegen das Cover-Foto auf der englischen Veröffentlichung des Doppel-Albums: Die Ansammlung von 21 müde und abgezehrt aussehenden nackten Frauen, die ihre Genitalien mit Hendrix-Platten-Hüllen, Postern und Fotos abdeckten, war weder große Kunst noch große Pornographie. Für Hendrix war es ein weiterer Beleg dafür, dass die Plattenfirma ihn als Künstler nicht ernst nahm. Den Gipfel der Ignoranz aber leistete sich die renommierte Musikfachzeitschrift *Billboard*. Als sie das Album erstmals in den Charts listete, tauchte es als *Electric Landlady* auf.

Die Vertreter der Musikindustrie waren skeptisch, weil ihnen zu wenige potentielle Hit-Singles auf der Platte zu sein schienen. Dabei besaßen die beiden letzten Songs der Platte, *All*

Along The Watchtower und *Voodoo Child (Slight Return)* durchaus Hitparadenpotential. Mit diesem Doppelalbum setzte eine Teilung in der Popwelt ein: Single-Veröffentlichungen nahmen jetzt den Beigeschmack leichtgewichtigen Teenybop-Materials an, während Langspielplatten ernsthafte Musikalität signalisierten. Vgl. S. 118 und S. 116

Band Of Gypsys

LP (US) Band of Gypsys, Capitol STAO-472, 24. April 1970

Hendrix' Manager Mike Jeffery war von Anfang an ein erklärter Gegner des Band-of-Gypsys-Projekts. Ihm waren die Leute einfach zu schwarz, mit denen Jimi sich inzwischen musikalisch umgab. Als er jedoch merkte, dass die Band als eine gut geölte Groove-Maschine aus den Proben hervorgegangen war, hatte Jeffery eine geniale Idee: Ed Chalpin, der ja laut Gerichtsbeschluss das Zugriffsrecht auf die nächste Hendrix-Platte besaß, sollte mit einem Live-Album abgespeist werden – zumal Bill Graham das Trio zwischenzeitlich für vier Konzerte zum Jahreswechsel in das »Fillmore East« eingeladen hatte. Mit den Voices of East Harlem im Vorprogramm und der Joshua Light Show konfrontierte das neugegründete Trio ein überwiegend weißes Flower-Power-Publikum mit einem ungewöhnlich »schwarzen« Musik-Konzept: harter Funk, sämiger Soul und saftiger Rhythm 'n' Blues anstelle psychedelischer Sound-Paintings und wilder Gitarrenorgien. Vgl. S. 62

> »Jimi, du bist der beste Gitarrist, den ich kenne. Aber heute Nacht warst du für eineinhalb Stunden nichts weiter als eine leere Hülle. [...] Du hast eine Shownummer abgezogen, die du im Liegen leicht mit geschlossenen Augen hinkriegst. Aber eine Sache hast du dabei völlig vergessen: Zu spielen.« (Bill Graham nach dem ersten, enttäuschenden Auftritt von Hendrix im »Fillmore East«; zit. n. Black 2004, S. 216, Ü. d. A.)

Weil Hendrix von der Strahlkraft seiner Stilwende selbst nicht recht überzeugt war, hatte er das erste Set noch mit Zunge und Zähnen und jener klischierten Gitarrengymnastik aufzumöbeln versucht, die ihm einst den Spitznamen »wild man of

Borneo« eingebracht hatte. Bill Graham war wütend über dieses effektheischende Gehabe und verheimlichte dies Hendrix gegenüber nicht. Der vollzog daraufhin, von der harschen Kritik beeindruckt, im nächsten Set eine radikale Kehrtwende: Beinahe unbeweglich, ohne alle Show-Attitüden, konzentrierte er sich allein auf die Musik und lieferte eine atemberaubende Vorstellung. Diese konzentrierte Brillanz behielt er auch in den beiden Konzerten am folgenden Neujahrstag bei. Vgl. S. 64 *Who Knows*, das Eröffnungsstück des Live-Albums, stammt aus der ersten Show dieses Tages. Ursprünglich

Spiel mit der Zunge

eine Jam-Nummer, von Buddy Miles gesungen, bietet sie jenen lässigen, rollenden Funk-Groove, der für die Rhythmusgruppe Cox / Miles charakteristisch war. An den Scat-Versuchen von Buddy Miles (»wie ein erwürgter Papagei«) scheiden sich die Geister. Doch Hendrix anschließendes Solo mit seinen hohlen, geisterhaft »elektronischen« Blues-Phrasen entschädigt Vgl. S. 122 für alle Mängel dieses schlichten Liebeskummerlamentos. Auf die alles überragende *Machine-Gun*-Interpretation folgt mit *Them Changes* eine Buddy-Miles-Komposition, die sich durch ein R&B-Riff mit Ohrwurmqualiät auszeichnet. Durch seine Wah-Wah-Exkursion im Mittelteil bringt Jimi diesen »crowd pleaser« zum Kochen.

Sprachverwirrung begleitet die nächste Nummer: *Power To Love*, dann wieder *Power Of Love* oder *With The Power*, oft von Hendrix auch als *Crash Landing* oder *Paper Airplanes* im Konzert angekündigt. Dabei summiert die erste Zeile des Refrains nicht nur die Botschaft des Songs, sondern entscheidet auch den Namensstreit: »With the power of soul / Anything is possible.« Der Song, der in seiner Akkordstruktur ein wenig an Stücke von Earth, Wind & Fire erinnert, enthält zudem Anklänge an Isaac Hayes und P-Funk. Auch die nachfolgende Funk-Nummer durchlief eine Fülle von Titel-Mutationen: Zuerst als *Message Of Love* gelistet, dann als *Message To Love*, hatte der Song seinen Ursprung in einem Stück namens *Message To The Universe*. Allenfalls die erste surreale Strophe des Textes ist bemerkenswert: »Well, I travel at a speed of a reborn man / I got a lot of love to give from the mirrors of my hand.« Doch wo *Power Of Soul* subtilen Druck aufbaut, wirkt *Message Of Love* wie ein Leichtgewicht. Erst Jimis ekstatisches Solo gibt dem Song den lange überfälligen Kick: Ein Ausbruch elektrostatischer Energie, die er im freien Flug über das Griffbrett seiner Gitarre einfängt.

Postume Veröffentlichungen

Die Wirrungen um Hendrix' Vermächtnis

Wie ein vergeblicher Kampf mit der eigenen Kreativität wirkten Hendrix' letzte beide Lebensjahre. Zwar verbrachte er ab Herbst 1968 Hunderte von Stunden mit vier verschiedenen Bands in zehn verschiedenen Studios, doch aus den zahllosen Free-Form-Jams und Song-Skizzen, die mit fertig abgemischten Stücken abwechselten, wollte sich kein einheitliches Album formen. Erst kurz vor seinem Tod fertigte er eine Tracklist mit 14 Titeln für drei Seiten des geplanten Doppel-Albums *First Rays Of The New Rising Sun* an. Dabei unterstellte Hendrix, dass fast alle Stücke noch der Überarbeitung bedurften. Weil die Plattenfirma wegen geleisteter Vorauszahlungen auf einem neuen Studio-Album bestand, kompilierte Eddie Kramer fünf Monate nach Jimis Tod aus dem vorhandenen Material das Album *Cry Of Love* (1971) mit neun neuen Songs und dem *Electric-Ladyland*-Outtake *My*

Friend. Diese Zusammenstellung galt jahrelang als authentisches Hendrix-Album und weniger als willkürliche Auswahl. Die im selben Jahr veröffentlichte Filmmusik *Rainbow Bridge* kam den Soundvorstellungen des späten Hendrix sehr viel näher. Nicht zuletzt, weil hier mit Titeln wie dem wundervollen Instrumental *Pali Gap* oder der Blues-Referenz-Nummer *Hear My Train A Comin'* absolute Höhepunkte aus Jimis gesamtem Œuvre versammelt sind. *Pali Gap* entfaltet auf der Basis von nur drei Akkorden eine betörende Idylle, in der sich mehrere Gitarrenspuren und Overdubs zu einer Paradiesvorstellung in Klängen verbünden. Selten hat Hendrix flüssiger, süffiger und sämiger improvisiert – der Name, der übrigens von Mike Jeffery stammt, sollte dem Album ein hawaiianisches Flair geben.
Vgl. S. 66 Vor allem aber die Live-Version von *Hear My Train A Comin'* vom 30. Mai 1970 in Berkeley überzeugte: ein Stück, das Hendrix in seinem letzten Lebensjahr zunehmend an Stelle von *Red House* gespielt hatte. Die elfminütige Meditation nach dem Weniger-ist-mehr-Prinzip gilt heute als Jimis definitives Blues-Bekenntnis. Er zieht hier alle Register, von traumverlorenen Psychedelic-Sounds bis zu traditionsgesättigten Chicago-Blues-Licks. Während dieser vor Vitalität strotzende Cosmic-Blues auf *Rainbow Bridge* in perfektem
Vgl. S. 120 Kontrast zur überproduzierten Studiofassung von *The Star Spangled Banner* stand, bildete er zugleich den krönenden Abschluss des von Alan Douglas sorgfältig und kenntnisreich edierten Thema-Albums *:Blues* (1994).

14 Jahre nach dem vermeintlichen Vermächtnis *Cry Of Love* brachte Douglas dann mit dem neu abgemischten *Voodoo-Soup*-Album (1995) eine weitere Annährung an Jimis ursprüngliches Plattenprojekt auf den Markt. Doch bis auf die
Vgl. S. 103 drei bis dato unveröffentlichten Stücke *Belly Button Window*, *Peace In Mississippi* und die »spacige« Overdub-Overtüre *New Rising Sun* bot die Zusammenstellung nur eine soundtechnisch optimierte Neuauflage des *Cry-Of-Love*-Kanons. Nachdem sich Al Hendrix im Juni 1995 die Rechte am Gesamtwerk seines Sohnes erstritten hatte, konnte man endlich darangehen, ein wenig Ordnung in das heillose Wirrwarr der postumen Veröffentlichungen zu bringen – auf die Spit-

ze getrieben in Douglas' skandalösen Manipulationen von Songfragmenten mit Hilfe zusätzlicher Sessionsmusiker auf den beiden Alben *Crash Landing* (1975) und *Midnight Lightning* (1975). Immerhin verzichtete er fünf Jahre später bei der Veröffentlichung von *Nine To The Universe* (1980) auf entstellende Eingriffe in das Originalmaterial. Doch auch diese langerwartete Dokumentation von Jimis Jazz-Einflüssen hielt

> »Bei aller Liebe zum Jazz hasste Hendrix die Endlos-Soli in vielen Improvisationen, minutenlanges Skalen-Gedudel. In dieser Hinsicht blieb er zeitlebens ein effektiv denkender und effektverliebter Rockmusiker.« (Robert Wyatt über Jimis ambivalente Jazz-Begeisterung; zit. n. Kemper 2008)

nicht, was Douglas vollmundig versprochen hatte: Anstatt der legendären Jams mit John McLaughlin vom 25. März 1969 enthielt sie – McLaughlin, mit seinem Spiel inzwischen unzufrieden, hatte Einspruch erhoben – Mitschnitte verschiedener Sessions von 1969. Allein der zehnminütige *Young/Hendrix Jam* ließ erahnen, welche hitzigen Jazz-Abenteuer von Jimi noch zu erwarten gewesen wären.

John McLaughlin

First Rays Of The New Rising Sun

CD (Int.), Jimi Hendrix, MCA 11599, April 1997

Die 1997 endlich von der Hendrix-Familie unter dem ursprünglich intendierten Titel *First Rays Of The New Rising Sun* versammelten 17 Aufnahmen – sie reichen vom März 1968 bis August 1970 – kommen Jimis Vorstellung von seinem vierten Studio-Album bis heute am nächsten. Der bereits auf dem *Cry-Of-Love*-Album erschienene Song *Freedom*, eine feurige Rock-Funk-Demonstration mit drei ineinandergeblendeten Gitarrenspuren, erreicht trotz Mitwirkung der Ghetto Fighters und Juma Sultans nicht ganz die explosive Dichte von Hendrix' Interpretation auf dem Isle of Wight Festival. Der Text bleibt ganz diesseitig orientiert und reicht von politischen Implikationen bis zu persönlichen Befreiungsbewegungen: Ob von der vereinnahmenden Devon Wilson oder dem als übermächtig empfundenen Manager Mike Jeffery, liegt im Ermessen des Hörers.

Vgl. S. 66

Vgl. S. 71

Das Blues-Schema von *Izabella* liefert Hendrix die Folie für die Geschichte eines G. I. in Vietnam, der inmitten feindlichen Feuers nach seiner Liebsten schreit: »Soon I'll be holding you instead of this machine Gun. Hey Izabella ...« Der Song, ursprünglich eine Band-of-Gypsys-Nummer, generiert eine tödliche Intensität. Dabei scheint Hendrix hier die Notwendigkeit des Krieges zu bestätigen, wenn er singt: »Girl, I'm fighting this war for the children and you.« Erstmals bezieht er sich hier auch auf die »rays of the rising sun« – allerdings nicht im Sinne friedfertiger Spiritualität, sondern als Metapher für die Zeit des Kampfes. Ursprünglich *Ships Passing Through The Night* betitelt, kommt *Night Bird Flying* dank zigfacher Umarbeitung als leicht überkonstruierte Gratwanderung zwischen Romantik und Eros daher. Was im Text zunächst als Beschreibung einer Liebesnacht erscheint (»Put all your blues and shoes and things and rains down unter the bed«), entpuppt sich biographisch als Jimis Widmung an den New Yorker Radio-DJ Alison Steele, der den Spitznamen The Vgl. S. 17 Nightbird trug. Die betörende *Angel*-Ballade verdankt sich

Gitarren-akrobatik

dagegen einem Traum, den Jimi von seiner Mutter Lucille hatte. Drei Jahre lang ließ er das Lied ruhen, bevor er im August 1970 eine Basisversion einspielte. Selten klang seine Stimme sanfter und zugleich verletzlicher, so als drohe sie in den verlockenden Strudeln und Wirbeln seines Gitarrenspiels zu versinken.

Einen zunehmend aussichtslosen Kampf mit dem eigenen Ego schildert der Sänger in *Room Full Of Mirrors*: Hendrix bleibt im Spiegelkabinett seines Ichs gefangen (»Broken glass was all in my brain / I used to fall out of my dreams and cut me in my bed«). Erst am Ende seiner larmoyanten Litanei deutet er halbherzig seine Erlösung an: »Lord, I'd know who'd be for me / In the meantime, which is a groovy time is to be.« Die mit diversen Gitarreneffekten überfrachtete Aufnahme entfaltet eine hörbare Verwirrung. Nach dem Schlüsselsong *Dolly Dagger* folgt mit *Ezy Rider* – in Anspielung auf den Erfolgsfilm *Easy Rider* (1969) mit Peter Fonda und Dennis Hopper – eine weitere Funk-Hymne der Band of Gypsys, die trotz ihrer skrupulösen Produktion mit einem neuartigen Flanger-Effekt von Jimis Gitarre nie zu einem wirklich großen Song reifen konnte.

Vgl. S. 124

Drifting beschreibt einen Zustand erträumter Glückseligkeit. In nur fünf Zeilen komprimiert Hendrix seine Sehnsucht nach einem Zuhause, nach wahrer Liebe. Was nach Kitsch klingt, gewinnt durch das delikate Design der Musik neue Dichte und sentimentale Erträglichkeit. Als eine weitere Referenz an den Balladenstil von Curtis Mayfield erinnert das spirituelle Stück in seinen besten Momenten an Jimis Meisterwerk *Little Wing*. Die über einen rotierenden Leslie-Lautsprecher aufgenommene Gitarre gewinnt durch das später unterlegte Vibraphonspiel von Buzzy Linhart noch an Luftigkeit und Transparenz. Das folgende *Beginnings* geht auf die ursprünglich im Shokan-House entwickelte Session-Nummer *Jam Back At The House* zurück und konnte seit den Proben im Vorfeld von Woodstock seine Steifheit und Eckigkeit nicht ganz ablegen. Trotz schöner Boogie-Woogie-Passagen fehlt dem Stück ein energetisches Zentrum. Warum *Steppin' Stone* ursprünglich 1970 als Single-Veröffentlichung geplant war, erschließt sich heute nur schwer. Der kantige Funk in Verbindung mit dem Selbstmitleid des Textes über andauernde sexuelle Ausbeutung durch all die Groupies, die es nur auf ein »ticket to ride« abgesehen haben, langweilt – trotz der üblichen pyrotechnischen Virtuosität von Hendrix' Gitarrenspiel.

Von ganz anderem Charme ist dagegen *My Friend* – mit seiner lockeren Bar-Atmosphäre ein ganz untypisches Beispiel für Jimis Songwriting und eine Art ungenierter Querschläger im Kontext des Albums. Aufgenommen wurde er im Frühjahr 1968, mit Hilfe befreundeter Musiker wie Stephen Stills am Piano, Ken Pine von den Fugs an der zwölfsaitigen Gitarre und Paul Caruso an der Mundharmonika, dem Schlagzeuger Jimmy Mayes und mit Jimi selbst am Bass. Der Text dieses Trinklieds, mit seinen surrealen Bildern von »feathers and footprints«, »a bycicle built for fools«, »a cup full of sand« oder »frozen tea leaves on the bottom« in bester Dylan-Tradition, erzählt nicht nur vom Freundeskreis der Saufkumpane, sondern zugleich von der eigenen Einsamkeit.

Straight Ahead, auch schon mal *Pass It On* oder *Have You Heard?* genannt, kann seinen unfertigen Status nicht verleugnen: Dem Song fehlt die zwingende Struktur, ein Spannungsbogen und ein überzeugender Text. Trotz schöner, sprachähnlicher Wah-Wah-Einschübe seiner Gitarre klingen holzschnittartige Slogans wie »Communication, yeah«, »Keep on straight ahead«, »Power to the People« oder »Freedom of the soul« im August 1970 aus Jimis Mund wenig authentisch. Wie unausgewogen Hendrix' Songwriting im letzten Lebensjahr war, markiert die nachfolgende Ballade *Hey Baby (New Rising Sun),* die schon auf dem Album *Rainbow Bridge* zu den einsamen Höhepunkten zählte. Das gelobte Land der »neuen aufgehenden Sonne« ist nicht länger (wie in *Izabella*) eine Drohung, sondern ein romantisches Versprechen auf Erlösung durch Spiritualität. Hendrix hatte die Aufnahme als »work in progress« begriffen, trotzdem besitzt der Song einen unaufhaltsamen Wärmestrom und ein Solo von anrührender Unschuld.

Während *Hey Baby* optimistisch den strahlenden Beginn eines

»Age of Aquarius« prognostiziert, ziehen im *Earth Blues* dunkle Wolken auf: In einer Art Realitäts-Check kommt Hendrix hier zur ernüchternden Diagnose: »Well, I see hand and tear-stained faces / Reachin' up, but not quite touchin' the promised land.« In Post-Martin-Luther-King-, Post-Altamont- und Post-Manson-Zeiten bleibt angesichts des wachsenden Chaos nur die Hoffnung: »You better hope love ist the answer.« Ganz atypisch für den Rauschmittel-Rocker Hendrix, warnt er hier vor der Realitätsflucht im Drogenkonsum: »Don't get too stoned, please remember you're a man.« Jimis lebenslange Liebe zu Sci-Fi-Comics spricht sich einmal mehr in *Astro Man* aus: Die intergalaktischen Superhelden »Astro Man and Strato Woman: The cosmic lovers of the universe and everything …« – wie es im Manuskript des Songtextes heißt – bevölkern jetzt Jimis Blues-Mythologie. Ein Killer-Riff, ein schwerblütiges Schlagzeug, ein messerscharfes Melodie-Motiv: Es scheint, als habe Hendrix mit *In From The Storm* den Metal-Blues von Led Zeppelin vorausgeahnt. Er, der sich selbst im »Auge des Hurricans« wähnte, hofft jetzt auf eine Phase der Gelassenheit: »It was so cold and lonely, yeah / The wind and cryin' blue rain tearin' me up.« Die schmerzhafte Introspektion setzt sich noch im Schlusstitel des Albums *Belly Button Window* fort: Der Talking-Blues spricht ein noch ungeborenes Kind an. Jimis eigene unglückliche Kindheit hatte ihn für die herzzerreißenden Gefühle von ungewollten Kindern empfindlich gemacht.

Metal-Blues

> »Jimi erzählte mir, dass er den Song über das Baby geschrieben habe, das Mitch und seine Frau Lynn gerade erwarteten, so als würde es uns aus Lynns Bauchnabel-Fenster anschauen.« (Billy Cox über die Entstehung des Songs *Belly Button Window*; zit. n. Black 2004, S. 236, Ü. d. A.)

Der Text bleibt ein trauriges Selbstgespräch, in dem sich Jimi vorstellt, er hätte vor seiner Geburt mit seinen Eltern sprechen und sie fragen können, ob er ein Wunschkind sei: »So if you don't want me now / Make up your mind.« Allein mit seinem nachdenklichen Sprechgesang, zwei Gitarrenspuren und einem kurzen, sich selbst ermutigenden Pfeifen am Schluss erzeugt Hendrix eine Atmosphäre beklemmender Vergeblichkeit: Eindringlichkeit auf Flüsterniveau. Unterm Strich kann dieses Nachlasswerk kaum als kohärentes Album verstanden werden, allenfalls als Versuch, die späten Erlösungsphantasien von Hendrix in einer Art Sound-Puzzle plausibel zu machen.

South Saturn Delta

CD (Int.), Jimi Hendrix, MCA 11 684, Oktober 1997

Um der Kritik an der Songauswahl auf Jimis vermeintlichem Vermächtnisalbum zuvorzukommen, veröffentlichte die von der Hendrix-Familie kontrollierte Firma »Experience Hendrix« schon ein halbes Jahr später unter dem Titel *South Saturn Delta* (1997) ein weiteres Album mit Studio-Outtakes. Das instrumentale Titelstück, obwohl unvollendet und zu Jimis Lebzeiten nicht mehr veröffentlicht, deutet die Richtung an, die Hendrix wohl in der geplanten Zusammenarbeit Vgl. S. 66 mit Miles Davis und Gil Evans eingeschlagen hätte: Eine Synthese aus Rock, Rhythm 'n' Blues, Funk und Jazz. Es ist ein Vorgeschmack jener Big-Band-Projekte, von denen Jimi in seinen letzten Interviews sprach. Erstmals arbeitete er hier mit einem vierköpfigen Bläsersatz zusammen, bestehend aus Trompete, Posaune und zwei Saxophonen. Eddie Kramer erklärte später, dass die Brecker Brothers mit von der Partie gewesen seien – ab Mitte der Siebziger eine wegweisende Jazzrock-Formation um den Saxophonisten Michael und den Trompeter Randy Brecker. Obwohl der Titel einmal mehr aus Jimis Science-Fiction-Phantasie schöpft, klingt die Musik trotz der Horn-Section eher nach bodenständigen Riffs, wie man sie von den Stax-Platten oder den J. B. Horns um James Brown kennt.

Brecker Brothers

Die anderen Titel des Albums umfassen Jimis ganze Karriere – von einer frühen Instrumentalversion seiner Signature-Ballade *Little Wing* über den Blues-Standard *Bleeding Heart* von Elmore James bis zur Neudeutung des Dylan-Songs *Drifter's Escape* vom 22. August 1970. Diese letzte Hommage ist stärker am Original orientiert als z. B. Jimis Fassung von *All Along The Watchtower*. Auch singt Hendrix hier ganz im Stil

Dylans, umrankt von ständig wechselnden Gitarrengirlanden, die ein »Amen« und »Hallelujah« zu klagen scheinen. Der Text über einen Herumtreiber, der sich ganz kafkaesk vor Gericht in einer fremden Stadt wiederfindet, auf seine Unschuld pochend, ohne zu wissen, weshalb er überhaupt angeklagt ist, scheint in Hendrix etwas zum Klingen gebracht zu haben.

The Jimi Hendrix Experience

4 CD-Box (UK), The Jimi Hendrix Experience, MCA 805-112-316-2, September 2000

Von größerem Gewicht für die postume Einordnung von Hendrix' Werk erwies sich *The Jimi Hendrix Experience* (2000). In dieser aufwendig gestalteten 4-CD-Box sind Songvarianten versammelt, die Chas Chandler während seiner Mitarbeit an den ersten beiden Alben *Are You Experienced?* und *Axix: Bold As Love* produzierte. Das Material wurde von ihm über die Jahre verwahrt und wohl als eine Art »Altersversicherung« betrachtet. Doch Chandler starb, bevor er seine Kostbarkeit verkaufen konnte, im Juli 1996 an den Folgen eines Herzinfarkts. Seine Erben übertrugen die Aufnahmen an Jimis Halbschwester Janie: Die vier von Eddie Kramer neu abgemischten CDs sollten den ganzen künstlerischen Kosmos der Jimi Hendrix Experience in beiden Besetzungen ausleuchten: Vom psychedelischen Pop über die Wiederentdeckung des Blues bis zu den späten Funk-Entwürfen und Jazz-Anleihen. Dabei rechtfertigt schon Take eins von *Little Wing* das ambitionierte Projekt. Statt der traumverlorenen Lyrizismen des Originals verliert sich hier ein fast aggressiver Gitarrenton in jubelnder Improvisationsemphase. Eine ganz andere Überraschung bietet der Titel *Taking Care Of No Business*: Mit losgelöstem Swing-Gefühl intoniert Hendrix inmitten virtueller Kneipenatmosphäre einen Talking-Blues. Seine lautmalerische Nachahmung eines Posaunensolos, die zurückhaltende Begleitung durch Bass und Tambourin, all das lässt eher an einen Club in New Orleans denken als an ein Aufnahmestudio in London. Neben herausragenden Live-Mitschnitten aus dem Pariser »Olympia«, aus Stockholm, Los

Angeles oder von der Insel Maui (Hawaii) betört vor allem die Sessionatmosphäre in Stücken wie *It's Too Bad* oder *Country Blues*.

Offizielle Bootlegs

Unter dem Label »Dagger Records« veröffentlicht der Family-Trust »Experience Hendrix« seit Ende der Neunziger Home Recordings, Studioaufnahmen und Konzertmitschnitte, die nicht zur Veröffentlichung vorgesehen waren. Vor allem *Morning Symphonies* (2000) enthält mit mehreren Duo-Aufnahmen von Buddy Miles / Jimi Hendrix und der lange verschollenen 22-minütigen Solo-Improvisation *Scorpio Woman* vom 1. August 1970 aus Honolulu / Hawaii gewichtige Raritäten. Hier lässt sich Jimis »orchestrales Gitarrenspiel« mit seiner Gleichzeitigkeit von Akkordbegleitung, Solo-Linien und Bass-Figuren in nuce studieren. *Hear My Music* (2004) demonstriert mit der ersten Londoner Studioversion von *The Star Spangled Banner* vom Februar 1969, dass hier bereits alle Stilelemente der späteren Woodstock-Erkennungsmelodie entwickelt waren. *The Baggy's Rehearsal Sessions* (2002) dokumentieren ebenso wie *Burning Desire* (2006) die kreativen Höhenflüge der Band of Gypsys, etwa die beseelte Studiofassung vom *Villanova Junction Blues* mit seinen Jungle-Sounds vom Januar 1970. Die veröffentlichten Bootleg-Live-Aufnahmen reichen von *Live In Ottawa* vom März 1968 bis zum Abgesang der Jimi Hendrix Experience *Live At The Isle Of Fehmarn* (2005).

Die Songs

Hey Joe

Single A-Seite (UK), The Jimi Hendrix Experience, Polydor 56 139, 16. Dezember 1966

Obwohl nicht von ihm selbst geschrieben, gilt *Hey Joe* als Jimis Signature-Song und bleibt bis heute zuallererst mit seinem Namen verknüpft. Das Lied hat eine bewegte Geschichte: In seiner heutigen Form geht es auf den kalifornischen Folksänger Billy M. Roberts zurück, der – so geht die Mär – an einem Strand in Maine, unerwartet von einer Muse ge-

In Hamburg, 1970

küsst, den Text mit den Fingern in den Sand schrieb. Wieder zu Hause, übertrug er auf Papier, was ihm in Erinnerung geblieben war. Weil er dringend Geld brauchte und das Potential seines Songs wohl nicht erkannte, verkaufte er das Copyright an Dino Valenti alias Chester A. Powers (Quicksilver Messenger Service). Als die beiden Bands Love und The Leaves später Hiterfolge mit Up-Tempo-Versionen des Lieds hatten, wurde der Anwalt Martin Cohen beauftragt, die Urheberrechtsfrage zu klären. Valenti bestätigte ihm, dass er keinerlei Anteil an der Urheberschaft des Songs besaß, so dass Roberts in den Genuss der Tantiemen kommen konnte – darüber hinaus aber nie wieder als Songwriter von sich reden machte. Parallel zum Hitparadenerfolg der Leaves im Frühsommer 1966 spielte der Folksänger Tim Rose eine langsame, bluesige Version von *Hey Joe* ein.

In Frage-und-Antwort-Form erzählt das Lied von einem jungen Mann, der voller Wut entdeckt, dass seine »ol' lady« es mit einem anderen treibt. Er erschießt sie im Affekt und muss nach Mexiko flüchten, um in Freiheit zu bleiben. Ein Lied, so alt wie Amerika selbst: In das persönliche Schicksal des Helden ist die allgemeine Überzeugung eingewoben, dass es besser ist, in Bewegung zu bleiben, vorwärts zu gehen, anstatt stillzustehen und sich mit den Konsequenzen des Hier und Jetzt auseinanderzusetzen. Unweigerlich entwickelt man Mitgefühl für Joe, dessen Verbrechen darin zu bestehen scheint, betrogen und dabei von seiner Leidenschaft überwältigt worden zu sein. Für moderne Ohren klingen allerdings die Frau-hat-mir-übel-mitgespielt-Obertöne weinerlich und latent frauenfeindlich.

Bis heute ist ungeklärt, wie Hendrix die Rose-Fassung entdeckt hat: Der akribische Rechercheur Steven Roby behauptet in seinem Buch *Black Gold – The Lost Archives Of Jimi Hendrix*, Jimi habe die Rose-Version erstmals im Frühsommer 1966 in der Jukebox eines Straßencafés namens »Cock'n'
Vgl. S. 29
Bull«, im New Yorker Greenwich Village gehört. Rose hat übrigens später generös bestätigt, die Experience habe fast das gleiche Arrangement wie er benutzt, es aber mit »Hendrixism« angereichert. Gemeint ist damit Jimis lässiger Sprechgesang, der bei aller Lockerheit der Phrasierung eine bohrende Intensität besitzt. So souverän er als Gitarrist agierte, so unsicher fühlte er sich anfangs als Sänger. So entsteht stimmlich ein provozierendes Paradox, das durch die langsam abfallende Gesangslinie noch verstärkt wird. Schon das einleitende Riff

Dank an die Blues Götter

gibt, messerscharf, eine Blues-Stimmung vor. In seinem Solo greift Hendrix zwar in Phrasierung und Artikulation auf Stilmittel von John Lee Hooker, Albert King und B. B. King zurück, gibt ihnen jedoch einen ganz persönlichen Biss. Die markante Walking-Bass-Linie am Ende des Stücks wurde übrigens von Jimi erfunden, der sie Noel Redding im Studio beibrachte. Den ganzen Song durchzieht ein Beben und Vibrieren, ein aufregendes Auf und Ab von Dissonanz und Auflösung.

Nicht nur empfindsame Gemüter waren erschrocken, als der Song auf den Markt kam: Er klang mysteriös, dunkel, brütend und bedrohlich. Er wirkte wie ein blasphemisches Bekenntnis zur Gewalt, traf aber den Nerv der aufgewühlten Zeit. Dabei war *Hey Joe* im Kontext von Jimis Gesamtwerk nur ein erster Schritt in die Zukunft des Rock: »That record isn't us. We've only just begun.«

Purple Haze

Single A-Seite (UK), The Jimi Hendrix Experience, Track Records 604 001, 17. März 1967

Die ersten Takte kommen wie die Fußstapfen eines kriegerischen Dinosauriers daher. Dann fängt das Ungeheuer an zu sprechen: brüllender Triumph eines unvergesslichen Gitarrenriffs. Was folgt, sind Empfindungen einer Art Außerweltlichkeit, als würde man sich durch Zeit und Raum treiben lassen.

1990 wurde bei Sotheby's das neunseitige Manuskript mit dem vollständigen Gedicht *Purple Haze – Jesus Saves* (so der Originaltitel) für 17 600 Dollar von der Rock and Roll Hall of Fame ersteigert. Geschrieben am 26. Dezember 1966, handelt der Text von einem Traum, in dem es um purpurrote Todesstrahlen geht. Hendrix scheint sich hier an die Kurzfassung einer Geschichte erinnert zu haben, die er im Magazin *Fantasy And Science Fiction* gelesen hatte. Die Originalversion war 1957 von Phillip José Farmer unter dem Titel *Night Of Light: Day Of Dreams* veröffentlicht worden. Die Phrase »purple haze« bezeichnet darin verwirrende, Schwindel erregende Effekte, die durch Sonnenflecken auf einem Planeten namens »Dante's Joy« ausgelöst werden. Dort hat sich John Carmody, Mörder seiner Frau und anschließend zum Priester konvertiert, auf der Flucht vor einer intergalaktischen Justiz niedergelassen – übrigens eine bizarre Reminiszenz an das Thema von *Hey Joe*. Die Bewohner des seltsamen Planeten entwickeln unter dem Eindruck solarer Strahlungen eine bestimmte Form von Wahnsinn, der sie andere Mitbewohner angreifen und verletzen lässt. Dieser Umstand korrespondiert mit der Textzeile des Songs »acting funny but I don't know why«. Die meisten Hörer aber sahen in *Purple Haze* einen Drogensong, der einen halluzinatorischen Bewusstseinszustand reflektierte. Nicht zufällig erhielt bald darauf eine besonders intensive LSD-Mischung den Markennamen »Purple Haze«. Andere Interpreten glauben, dass Hendrix durch den abendlichen Winterhimmel über London zur Farbe Purpur angeregt worden sei. Die Hektik jener Tage hätte ihn bisweilen so verwirrt, dass er zeitweise nicht wusste, »whether it's day or night« – wie es im Song dann hieß. Es gibt weitere Passagen, die solche Desorientierung suggerieren: »Is this tomorrow, or just the end of time?« Die Schlusszeile der ersten Strophe bildet in ihrer irren Beiläufigkeit einen der dauerhaftesten Sprüche des Psychedelic Rock und scheint die Schwerkraft selbst herauszufordern: »'Scuse me while I kiss the sky.«

Vgl. S. 37 Nichts auf Erden klang 1967 wie *Purple Haze.* Schon das einleitende Tritonus-Intervall (E-B) wirkte abgehoben. In der westlichen Musik wurde diese Dissonanz lange Zeit mit ungesetzlichen, ruchlosen Empfindungen assoziiert. In der Renaissance war es gar ausdrücklich verboten, das »Teufelsintervall« in religiösen Liedern zu verwenden. Zwar wusste Hendrix nichts von diesen musikhistorischen Implikationen, doch er war sich der emotionalen Wirkung des Intervalls wohl bewusst. Schon die ersten beiden Takte liefern den Grundbeat, der unter dem Song liegen bleibt, einen vertrauten Puls, der zwischen Musiker und Publikum eine Bindung schafft. Da Jimis Stimme durch einen Equalizer leicht verformt wird, klingt sie bisweilen, als würde er vom Mars heruntersingen. Ein weiteres interessantes Sound-Detail ist inzwischen geklärt: Wie der Studiotechniker Eddie Kramer erläutert, entstand das mysteriöse, kreiselnde Flirren am Ende von *Purple Haze* zufällig, als eine Aufnahme des Tracks in Hendrix Kopf-

hörer eingespielt wurde und dieser – weil sich die lästigen Bügel in seinem Haar verfangen hatten – versuchte, sie zu entfernen. Dabei hat er die Kopfhörer vor dem eingeschalteten Aufnahme-Mikrophon hin- und hergeschwenkt. Erst durch diese unbeabsichtigte Verdopplung seines Gitarrensolos über die Kopfhörer entstand der mystisch zirpende Rotationseffekt im Schlussteil des Songs.
In den USA erschien die Single mit dem Warnhinweis: »Beabsichtigte Verzerrung, bitte nicht korrigieren.« Bill Cosby hat dann – quasi als Schadensbegrenzung – auf die Melodie von *Purple Haze* ein neues Lied verfasst: *Hooray For The Salvation Army Band*. Obwohl *Purple Haze* auch in England wie eine Dosis Schwefelsäure inmitten all der gängigen Pop-Nettigkeiten wirkte, schaffte es die Single immerhin bis auf Platz 3 der Charts.

The Wind Cries Mary

Single A-Seite (UK), The Jimi Hendrix Experience, Track Records 04 004, 5. Mai 1967

Wer Hendrix auf das Klischee des rabiaten Feedback-Hexers reduziert, wird durch diese sanfte, herzzerreißende Ballade schockiert: An die Stelle triumphaler Aggressivität ist eine Atmosphäre bußfertigen Besiegtseins getreten.

> »Wir hatten furchtbare Phasen in unserer Beziehung, in denen wir wie Hund und Katze miteinander kämpften, kreischten und uns anschrieen. Am Ende aber versöhnten wir uns dann doch wieder.« (Kathy Etchingham 1967 über das Thema von *The Wind Cries Mary*; zit. n. Shapiro / Glebbeek 1990, S. 157, Ü. d. A.)

Angeblich war ein Streit zwischen Jimi und seiner Freundin Kathy Etchingham am 9. Januar 1967 der unmittelbare Anlass für den Song. Hendrix warf Etchingham wieder einmal vor, sie koche fürchterlich. Bald flogen Teller und Gläser durch die Küche. Um sie zu beruhigen, soll Jimi Kathy daraufhin im Badezimmer eingesperrt haben. Erst eine Freundin hat sie dann befreit, und Kathy stürmte auf die Straße, blieb in ihrem roten Kleid einen Moment lang im Licht einer Ampel

Mit Kathy Etchingham

stehen, bevor sie ein Taxi anhielt und in die Wohnung ihrer Freundin Angie fuhr, der Frau von Eric Burdon.

Als sie am nächsten Morgen zurückkehrte, hatte Jimi das Chaos in der Küche aufgeräumt und zeigte ihr den fertigen Text *The Wind Cries Mary* – Mary war der zweite Vorname von Kathy Etchingham. Zeilen wie »You can hear happiness staggering on down the street« (Du kannst hören, wie das Glück durch die Straßen taumelt) oder »A broom is drearily sweeping up the broken pieces of yesterday's life« (Ein Besen fegt freudlos die Bruchstücke des gestrigen Lebens zusammen) scheinen sich eindeutig auf Etchinghams überstürzte Flucht und auf die Nachwehen des Küchenchaos zu beziehen. In seiner Metaphorik erinnert der Text stark an Bob Dylan (»Clowns«, »Queen«, »King« u. a.) und könnte als Fortsetzung seines Meisterwerk *Desolation Row* verstanden werden. Und doch gibt es spezifische Qualitäten in Hendrix' surrealer Poesie: Eine Zeile wie »The traffic lights they turn blue tomorrow« wirkt in ihrer Farbverschiebung simpel und dennoch suggestiv. Schon die beiden ersten Verse »After all the jacks are in the boxes / And the clowns have all gone to bed« verströmen Ruhe und Einkehr. Die Einspielung des Songs am 7. Februar 1967 in den Londoner DeLane Lea Studios dauerte laut Chas Chandler nur 20 Minuten, inklusive mehrerer Gitarren-Overdubs. Oft phrasiert Hendrix leicht hinter dem Beat. Sein Sprechgesang ist beschwörend und zugleich von einer sanften Müdigkeit getragen – vergleichbar vielleicht noch mit der zärtlichen Weltweisheit von Otis Reddings *Dock Of The Bay*.

Little Wing

LP (UK), The Jimi Hendrix Experience: *Axis: Bold As Love*, Track Records 613 003, Dezember 1967

Obwohl nur zwei Minuten und 24 Sekunden lang, bleibt diese Ballade ein Prüfstein für jeden Gitarristen und hat nichts von ihrem betörenden Schimmer und ihrer erhebenden Luftigkeit eingebüßt. Angeblich hatte Jimi in Monterey die Idee zu dem sanften Song. Trotz seiner unterschwelligen Wehmut wirkt das Lied, als sei es mit all der Hoffnung und Zuversicht aufgeladen, die während des Festivals in der Luft lag. Später aber soll Jimi seinem Bruder Leon gestanden haben, dass *Little Wing* ebenso wie *Angel* von ihrer toten Mutter Lucille handelt. Dabei scheint es gar nicht um eine konkrete Person zu gehen, sondern um ein übernatürliches Wesen, um die Verkörperung des weiblichen Ideals, dem nach Hendrix' Überzeugung keine Erdenfrau vollkommen entsprechen konnte. Dieses feminine Wesen repräsentiert vor allem Grazie anstatt Fleischlichkeit, Verzauberung anstelle von Sex – angesichts dieses »Flügelkinds« (Friedhelm Rathjen) schmilzt selbst Jimis Machismo dahin.

Vgl. S. 42

Vgl. S. 100

»Ich dachte mir, ich sauge alles auf, was um mich herum geschieht, und bündele es in der Gestalt eines Mädchens. [...] Ich nenne es ›Little Wing‹, und dann fliegt es einfach davon.« (Hendrix über die Inspiration für seine gleichnamige Ballade; zit. n. Cross 2006, S. 189)

Am 25. und 28. Oktober 1967 in den Olympic Studios London auf seiner einen Halbton tiefer gestimmten Fender Strat eingespielt, hebt die Gitarre an wie der sanfte Flügelschlag eines Schmetterlings, der sich von einer Blüte erhebt. Bei der

Curtis Mayfield

einleitenden Akkordfolge dürfte Curtis Mayfield Pate gestanden haben. Lothar Trampert schreibt in seiner subtilen Analyse des Songs: »Das Gitarrenspiel ist geprägt von der Reibung zwischen liegenden und bewegten Tönen, die mit ihren Überlagerungseffekten einen beinahe glockenähnlichen Sound erzeugen.« (zit. n. Trampert 1991, S. 178) Die ergänzenden Töne eines wirklichen Glockenspiels, das von Mitch Mitchell bedient wird, fallen wie Tautropfen in die Textzeilen. Seine Trommelwirbel zwischen den Strophen verleihen der Himmelfahrt Bodenhaftung. Weil Hendrix hier seine Gitarre erstmals über einen rotierenden Leslie-Speaker spielt – ein Lautsprechersystem, das gern für Orgel-Verstärkung eingesetzt wird –, entsteht ein schwebend-schwingender Sound, der sublime Ruhe und Trost zu vermitteln scheint.

Bold As Love

LP (UK), The Jimi Hendrix Experience: *Axis: Bold As Love*, Track Records 613 003, 1. Dezember 1967

Das Abspielen einer Schallplatte auf einem Plattenspieler erinnerte Hendrix an die Kraft der Erdachse. Für ihn war die *Axis* ein mythologisches Kraftzentrum, eine lebendige Verbindung zwischen Himmel und Erde, die Quelle der elektro-

Vgl. S. 86

magnetischen Energie seines Gitarrensounds. Erst in diesem letzten Song des Albums löst Hendrix das Rätsel des Plattentitels. »Just ask the axis« singt er im Refrain und greift dabei auf ein nebulöses spirituelles Konzept zurück: Wenn die Erdachse erschüttert wird, kippt das Gleichgewicht auf der Erde, Kontinente verschieben sich, Ozeane fließen zusammen, das Unterste wird zuoberst gekehrt.

Diesen seismischen Schock vergleicht Hendrix mit dem Zustand der Erschütterung, wenn man sich verliebt. Er tut dies mit Hilfe einer extravaganten Farbsymbolik; denn für ihn lösen bestimmte Gefühle bestimmte Farbempfindungen, aus: »Eifersucht ist purpurrot, ich werde im Zorn oder vor Wut

Mit »Little Wing«

purpurrot, grün steht dagegen für Neid. Das ist so, als würdest du deine verschiedenen Gefühle in Farbbegriffe fassen und sie so diesem Mädchen erklären, das alle Farben dieser Welt besitzt.« (zit. n. McDermott / Kramer 1992, S. 93, Ü. d. A.) In der Schlussstrophe heißt es dementsprechend: »And all these emotions of mine keep holding me from / Giving my life to a rainbow like you.« Im Gegensatz zu den meisten Tontechnikern, die kaum ein Gespür für Rocksounds besaßen, war Kramer geradezu entzückt, als Jimi ihm kurz und knapp beschied, er hätte am Ende gern »Unterwasserklänge«. Der geborene Südafrikaner löste das Problem, indem er für *Bold As Love* ein sogenanntes Phasing kreierte, ähnlich dem »Whoosh«-Sound komprimierter Luft bei einem startenden Düsentriebwerk. Das sei exakt der Klang, den er in seinen Träumen gehört habe, jubelte Hendrix. Besonders gut zu hören im Schlussteil, wenn Mitchells Trommeln wabernd hereinrollen, Sekunden bevor Jimis Gitarre angreift. Es handelt sich dabei um einen Modulationseffekt, der die Phasenlage des Signals verschiebt und so einen räumlichen, schwirrenden Klang erzeugt. Es scheint, als habe Jimi seine ganze Energie und Ausdruckskraft in dieses Outro gelegt: den Basspart übernahm er selbst, sein Gitarrensolo umspielte er zusätzlich mit Cembalo-Klängen. In seinen regenbogenartigen Klangfarben wurde das Stück als Schlusspunkt zugleich zum perfekten Höhepunkt.

Voodoo Chile/Voodoo Child (Slight Return)

Doppel-LP (UK), The Jimi Hendrix Experience: *Electric Ladyland*, Track Records 613 008 / 9, 25. Oktober 1968

Der 15-minütige, langsame Blues in E beginnt wie eine lockere Jam-Session »Live at the Studio«, mit Stevie Winwood (Traffic) an der Hammond-Orgel und Jack Casady (Jefferson Airplane) am Bass. Hervorgegangen ist er aus Muddy Waters *Catfish Blues*, der damals zum Live-Repertoire der Experience gehörte. Doch die Metamorphose, die das Original in Hendrix' Händen durchmachte, verschmolz Chicago Blues mit Science-Fiction. Er selbst begreift sich als ein »Voodoo Child«, als Sänger mit übernatürlichen, magischen Kräften. Aus der Melange von erotischer Zauberkraft, uralten Riten, Zigeuner-Weissagungen und intergalaktischen Botschaften steigt er als kosmische Kraft empor, die physisch und psychisch durch Zeit und Raum wandern kann: »interstallar Hoochie-Coochie«. Seine schulmäßigen Blues-Phrasen wirken wie ein Kontrapunkt zu den lang ausgehaltenen Orgel-Akkordflächen von Winwood. Nach Charles Sheer Murray zieht Hendrix hier »eine durchgehende Linie von den geisterhaften, entrückten Delta-Klagen der Zwanziger und Dreißiger zum wahnsinnigsten polyrhythmischen Street-Funk der Siebziger.« (zit. n. Murray 1990, S. 176)

Der Schlusstitel *Voodoo Child (Slight Return)* entpuppt sich als beschleunigte Wiederaufnahme von *Voodoo Chile*. Auch hier prahlt der Sänger mit seinem schwarzen Selbstbewusstsein und entwirft Bilder einer unbegrenzten Kraft, die alle Naturgesetze übersteigt. Bereits in der ersten Zeile erklärt er: »Ich stehe neben einem Berg und schlage ihn mit der Handkante ab.« Hendrix antizipiert hier Muhammad Alis berühmte Prahlerei »Last week I've murdered a rock!« vor seinem Weltmeisterschaftskampf gegen George Foreman im Oktober 1974. Einleitend dämpft Hendrix die Saiten ab und produziert ein Karate-Riff. Diesen durch ein Wah-Wah rhythmisierten Scratch-Sounds folgt eine Art melodisches Warnsignal. Seine Explosion in einem schwerblütigen, lodernden Motiv sollte fortan ganze Heerscharen von Heavy-Metal-Jüngern inspirieren. Und doch ist »heavy« ein Adjektiv, das zu Hendrix so gar nicht passen will, besitzt sein Spiel doch noch bei größter Lautstärke und Verzerrung eine seltene Leichtigkeit. Jimi macht hier exzessiven Gebrauch von jenem Akkord, der als »Hendrix Chord« in die Geschichte einging: E7#9, ein Akkord, in dem die ganze Blues-Skala enthalten ist. Und immer wieder spielt er mit den Möglichkeiten des Feedbacks wie der souveräne Herrscher über einen Hurrikan.

Muhammad Ali

Vgl. S. 25

1983 … (A Merman I Should Turn To Be) / Moon, Turn The Tides … Gently, Gently Away

Doppel-LP (UK), The Jimi Hendrix Experience: *Electric Ladyland*, Track Records 613 008 / 9, 25. Oktober 1968

Mit dieser postnuklearen Unterwasservision, einem utopischen Trip ins untergegangene Atlantis, beglaubigte Hendrix seinen Ruf als »Afro-Futurist« – in einer Liga mit dem Cosmic-Jazz-Explorer Sun Ra, dem elektronischen Jazzrock-Seher Miles Davis oder dem Funk-Prediger George Clinton. Er realisiert hier seinen ersten großorchestralen Versuch, mit den Mitteln des Studios eine nahtlose Komposition jenseits von Rock, Jazz und elektronischer Musik zu entwickeln. *1983 … (A Merman I Should Turn To be)* und *Moon, Turn The Tides … Gently, Gently Away* bilden eine einzige exotische Suite. Beide Teile wurden von Eddie Kramer und Jimi in einer 18-stündigen Session am 22. April 1968 aufgenommen. Ein letztes Mal beschwört Hendrix hier eine surreale Apokalypse: Enttäuscht von den Menschen, von der Welt aus Einsamkeit und Verzweiflung, kehrt der Sänger ins Meer zurück, ins Wasser als der Quelle allen Lebens. Es ist ein eskapistischer Trip, der aber entgegen Jimis oft geschmähter Macho-Natur in der Wassermystik seine feminine Seite betont. Schon das Gitarren-Intro gibt mit seinem wundervollen Gespür für Ausgewogenheit die Tonlage des ganzen Songs vor. Wie eine sanfte Beschwörung spricht Hendrix die prophetischen Zeilen »Hooray, I awake from yesterday / Awake, but the war is here to stay.« Es folgt ein wehmütiger Abschied von der Welt: »Before our heads go under we take a last look at the killing noise.« Mitchells militärische Trommelwirbel bilden eine Art ironischen Kontrapunkt zu Jimis Unterwasserphantasien. Man glaubt, den Gitarristen bisweilen unter dem sanften Wellenschlag des Meeres spielen zu hören. Der eigentliche Song endet nach vier Minuten und 19 Sekunden, es folgt eine ausufernde Klangcollage: langsam von Kanal zu Kanal wandernde Klangströme, Hall- und Echoeffekte orchestral eingesetzt, rückwärts laufende Gitarrenspuren. Bandeffekte, kürzeste Geräuschsequenzen. Nach sechs Minuten und neun Sekunden wird das erlösende Hauptmotiv von *1983* von der Gitarre wieder aufgenommen und endlich taucht Atlantis in der Ferne auf (»I can hear Atlantis full of cheer«). Noch heute gilt dieses flüssige Klanggemälde als unerreichtes Meisterwerk dreidimensionaler Gitarren-Kunst.

»Ich will nicht länger ein Clown sein, ich will auch kein Rock-'n'-Roll-Star mehr sein.« (Jimis Credo im Jahr 1968; zit. n. McDermott / Kramer 1992, S. 152, Ü. d. A.)

All Along The Watchtower

Single (USA), The Jimi Hendrix Experience, Reprise 0767, 2. September 1968; auch: Doppel-LP (UK), The Jimi Hendrix Experience: *Electric Ladyland*, Track Records 613 008 / 9, 25. Oktober 1968

Obwohl kein Hendrix-Song, sondern eine Dylan-Komposition, hat Jimi sich dieses Stück in seiner Heavy-Rock-Lesart so zwingend angeeignet, dass auch »His Bobness« seit 1974 diese Coverversion in seinen Konzerten spielt. »Er hat das Lied exakt so gesungen, wie es von mir intendiert war, wie ich es auch gesungen hätte, wenn ich er gewesen wäre.« (zit. n. Gray 2006, S. 307, Ü. d. A.) Dabei war es wohl eher Jimis Spiel als sein Gesang, wodurch diese Version so innovativ klang. Und sie widerlegte Dylans ästhetische Strategie: Das 67er-Album *John Wesley Harding*, von dem der Song stammt, war von ihm als kalkulierte Antwort auf den produktionstechnischen Exzess der Beatles auf *Sgt. Pepper's Lonely Heart's Club Band*, als Rückkehr zu den einfachsten Formen von Arrangement und Aufnahmetechnik gedacht. Hendrix entschied sich für *Watchtower*, weil das dunkle Lied einen Gegenentwurf zum überschwänglichen »Summer Of Love« darstellte und stattdessen eine Eiszeit der Psyche reflektiert. Es evoziert ein Gefühl der Bindungslosigkeit, der spirituellen Einöde.

John Wesley Harding

Vordergründig rechnet Dylan hier mit dem CBS-Management ab, das ihn schlecht bezahlte (»Business men they drink my wine.«). Hendrix, der durch den lächerlichen Ein-Dollar-Vertrag noch immer an Ed Chalpin gebunden war, wusste, wovon Dylan hier sang. Auch sein aktueller Manager Mike Jeffery bestätigte Dylans Vorurteil: »None of them along the line know what any of it is worth.« Neben biblischen Anspielungen beschreiben »the joker« und »the thief« – zwei Figuren aus dem Tarot-Spiel (der Narr und der Dieb) – in ihrem Dialog den Sündenfall der kapitalistischen Welt und repräsentieren zugleich zwei Seiten von Dylans eigener Persönlichkeit. Der Sänger erfasst den Augenblick der Ruhe vor dem Sturm des Gottesgerichts, wie es beim Propheten Jesaja geschrieben steht. Die Endlosigkeit der alptraumhaften Vision drückt sich in der Zirkelstruktur des Songs aus, der immer wieder von vorn zu beginnen scheint.

Vgl. S. 27

Bob Dylan, 1968

Im ominösen Ende des Textes, in der Aussicht vom Wachturm, verdichtet sich der apokalyptische Gehalt des Liedes: »Outside in the distance / A wild cat did growl / Two riders were approaching / The wind began to howl.« Wo Dylan seine Emphase in die bedrohlichen Bilder des Textes legt, erweckt

Hendrix das Heulen des Sturms und die Ankunft der Ängste mit den Sounds seiner Gitarre: Er schafft eine Klanglandschaft voller Echos, einen Resonanzraum der Vergeblichkeit.

»Es ist mein Lieblingssong, weil sich hier ein fantastischer Text mit fantastischer Musik vermählt.« (Carlos Santana über Jimis Version von *All Along The Watchtower*; zit. n. Roby 2002, S. 96, Ü. d. A.)

Gleich der erste Satz »There must be some kind of way out of here« symbolisierte Jimis eigene verquere Lebenssituation in jenen Tagen. Sein erstes Solo nach einer Minute und 43 Sekunden besteht in Wahrheit aus vier verschiedenen Teilen von je acht Takten, jeder mit eigenem Ton und um eine eigene melodische Idee gebaut. Leicht angezerrte Gitarrenlinien werden vom metallischen Gleiten einer Slide-Gitarre abgelöst. Jimi spielt den Slide-Part mit einem Feuerzeug auf einer zwölfsaitigen E-Gitarre so, als wolle er das Instrument zerstören, um es anschließend neu zusammenzusetzen. Der folgende dritte Teil besteht aus Wah-Wah-Phrasen, die wieder einmal sprachähnlich artikuliert werden. Im letzten Teil sorgen Unisono-Saiten-Dehnungen für ungeahnte Emphase.

The Star Spangled Banner

Dreifach-Album (US), Various Artists: *Woodstock*, Cotillion / Atlantic SD 3500, Juni 1970; auch: CD (Int.), Jimi Hendrix: *Woodstock*, Polygram / Polydor 523 384-2, 1994

Am Montag, den 18. August 1969, morgens kurz nach 10.00 Uhr, erschuf Jimi Hendrix jenes Sound-Fanal, das später als das bedeutendste Statement der Rockmusik in den 60er Jahren gefeiert werden sollte, als unmittelbar evidente Erkennungsmelodie der Woodstock-Generation. Doch kam Jimis Interpretation von *The Star Spangled Banner* wirklich einer Entweihung der amerikanischen Nationalhymne gleich? Oder blieb sie bei aller brachialen Verzerrung noch eine respektvolle Referenz an den US-Patriotismus? Manche Zuhörer glaubten gar zu hören, wie das wachsbleiche Gesicht von Uncle Sam im Fegefeuer von Jimis Feedback wegschmolz und einen Zombie aus ihm machte. Dass Hendrix im Herzen ein konservativer Patriot war, davon überzeugt, dass die rote chinesische Gefahr eine Bedrohung für ganz Asien darstellte, wenn die USA nicht in Vietnam interveniert hätten, steht heute außer Frage. Dem holländischen Magazin »Kink« hatte er schon 1967 erklärt: »Die Amerikaner kämpfen in Vietnam für eine freie Welt.« (zit. n. McDermott / Glebbeek 1990, S. 387, Ü. d. A.)

Rezeptionsgeschichtlich war das Sound-Inferno der Nationalhymne zweifellos ein Sakrileg. Nicht nur alle Festivalbesucher, auch die Millionen Zuschauer des Films und Hörer des Albums verstanden Jimis Version als subversive Aktion und nicht als Liebeserklärung an sein Land. Doch ohne die Dokumentation auf Film und Platte, d. h. ohne die massenmediale Multiplikation des ekstatischen Augenblicks, wäre diese Interpretation von *The Star Spangled Banner* ebenso folgenlos geblieben wie all die anderen fetzigen Neufassungen, die Hendrix seit August 1968 schon rund 40 Mal zum Besten gegeben hatte.

Die einleitende Melodie schält sich mit hohlem Echo aus dem Ende von *Voodoo Child (Slight Return)* heraus. Mit den schleifenden Bass-Tönen von Cox, die die Harmonien des Songs markieren, nimmt die Musik eine jubilierende und zugleich bedrohliche Wendung. Schlagartig erhöht sich die Betriebstemperatur. Erst nach einer Minute setzt die kakophonische Dekonstruktion ein, angestachelt durch Mitchells turbulentes Free-Jazz-Drumming. Nach eineinhalb Minuten kehrt Hendrix kurz zur thematischen Melodielinie zurück und zitiert die Eröffnungssequenz von *Purple Haze*. Nach zweieinhalb Vgl. S. 109 Minuten ist er dann wieder bei der vertrauten Notenfolge und lässt sie ein letztes Mal in einem Inferno von Rückkoppelungen verenden, bevor er den triumphalen Schluss der Melodie intoniert. Man kann hier Wut und Enttäuschung über den Vietnamkrieg heraushören, Sound-Explosionen, die an Bomben-Detonationen, heulende Sirenen und angreifende Hubschrauber im Tiefflug erinnern. Und doch liegt über alldem das hymnische Pathos des Originals mit seinen erhebenden Gefühlen. Vielleicht hatte der Kritiker der *New York Post*, Al Aronowitz, recht, als er schrieb: »Endlich hörte man, worum es in dem Song ging: dass man sein Land lieben, aber dessen Regierung hassen kann.« (zit. n. Cross 2006, S. 244)

Die brachialen Sounds, die Hendrix in diesem Instrumental seiner weißen Stratocaster entlockte, bleiben vieldeutig. Mag der eine explodierende Bomben heraushören, drücken sie für den anderen vielleicht den Frust in der Schule oder seinen persönlichen Liebeskummer aus. Erst der gegenkulturelle Kontext des Woodstock-Festivals konnte aus Jimis Interpretation jene konsensfähige Anklage gegen den Vietnamkrieg und einen versteinerten American Way of Life machen.

Machine Gun

LP (US), Band of Gypsys: *Band Of Gypsys*, Capitol STAO-472, 24. April 1970

Als Jimis alte Freunde aus Harlem, die Zwillingsbrüder Taharqa und Tunde-Ra Aleem, den Jazztrompeter Miles Davis fragten, welcher Hendrix-Song ihm am besten gefiele, antworte der: »Die verdammte Maschinenpistole«. In den Abendstunden des 1. Januar 1970 kündigte Hendrix im »Fillmore East« seinen neuen Song mit den Worten an: »Das nächste Stück ist allen Soldaten gewidmet, die in Chicago, Milwaukee und New York kämpfen.« Dann der coole Nachsatz: »Oh, ja, und natürlich allen Soldaten in Vietnam.« (zit. n. Brown 1999, S. 153, Ü. d. A.) Er spielte hier auf die gewalttätigen Demonstrationen in amerikanischen Städten an und adressierte die Nummer an alle Frontkämpfer, die sich ständig der Gefahr aussetzten, vom Maschinengewehrfeuer niedergemäht zu werden. Der ehemals begeisterte Fallschirmspringer galt unter seinen Kameraden in Vietnam als Ikone und der dortige Armeesender spielte täglich Songs wie *Fire* oder *Purple Haze*. Die auf dem *Band-Of-Gypsys*-Album veröffentlichte *Machine-Gun*-Version markiert nicht nur den heiligen Gral in Jimis Gesamtwerk, sondern liefert zugleich den ultimativen Beweis für das unerschöpfliche Potential der E-Gitarre. Nie wieder hat Hendrix in einem Konzert sein Ins-

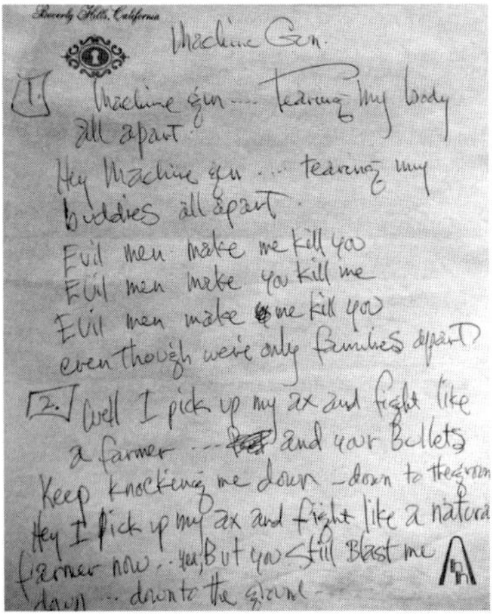
Machine Gun.
1. Machine gun … tearing my body all apart.
Hey Machine gun … tearing my buddies all apart.
Evil men make me kill you
Evil men make you kill me
Evil men make me kill you
even though we're only families apart
2. Well I pick up my ax and fight like a farmer … and your Bullets
Keep knocking me down – down to the ground
Hey I pick up my ax and fight like a natural farmer now … yea, But you still Blast me down … down to the ground –

Textseite zu *Machine Gun* (Autograph)

Vgl. S. 128

trument ähnlich visionär, majestätisch und quälend zugleich malträtiert.

> »Lenny Kravitz hat einmal bekannt, nach dem Anhören von *Machine Gun* sei er so erschöpft, dass er danach eine ganze Woche schlafen müsse. Für jeden, der das Stück kennt, klingt das keineswegs nach einer Übertreibung.« (Der Dichter Greg Tate über die Wirkung des Songs; Tate 2003, S. 65, Ü. d. A.)

Die Kanonaden von Buddy Miles' massigen Armen verströmen pure Kraft. Sein Trommelwirbel intoniert das Stakkato eines knatternden Maschinengewehrs, während Billy Cox mit seinen Bassriffs das *Sunshine-Of-Your-Love*-Motiv von Cream Vgl. S. 54 umspielt. Hendrix demonstriert derweil sein Talent, durch die Kombination verschiedener Effekte in gänzliche neue Soundgalaxien vorzustoßen. Unerbittlich treibt er sich und das Equipment an das Limit des Machbaren, lässt aus dieser kalkulierten Überforderung von Mensch und Material eine gewaltige Sound-Skulptur entstehen. Seiner Fender Strat entlockt er während des zwölfminütigen Stücks Schwingungen, die noch niemals zuvor auf einer Gitarre oder einem anderen Musikinstrument erzeugt worden sind. Dabei härtet er seine musikalische Munition in den Effektgeräten, die er hier miteinander kombiniert: Sein Gitarrensignal durchläuft ein Vox-Wah-Wah-Pedal, ein Axis-Fuzz von Roger Mayer, ein Fuzz Face, ein UniVibe und als weiteres Mayer-Pedal, das Octavia.
Trotz seines Reichtums an Klangfarbenmelodien, sprachähnlichen Schreien und lautmalerischen Schockeffekten wirkt die alptraumhafte Reise in sich absolut schlüssig und homogen. »Well I pick up my axe and fight like a bomber.« Jimis Solo beginnt nach etwa vier Minuten dort, wo die meisten Gitarrensoli ihren Höhepunkt erreichen: mit einer einzigen, langgezogenen, nicht enden wollenden Note in den höchsten Registern. Nach achteinhalb Minuten beginnt ein zweites Solo: reine Geräusch-Gesänge, Feedback-Melodien, völlig losgelöste Angriffswellen. Auf die kurzzeitige Beruhigung des Klanggeschehens erfolgt eine halbe Minute später noch einmal eine wahnwitzige Eruption. Ernie Isley, ein paar Jahre zuvor noch Jimis

Arbeitgeber, umschreibt die fast überirdische Wirkung: »Das Stück handelt in meiner Wahrnehmung davon, wie nah ein menschliches Wesen mit den Händen Gottes Gitarre spielen kann, ohne Gott zu sein.« (zit. n. Roby 2002, S. 157, Ü. d. A.)

Dolly Dagger

LP (Int.), Jimi Hendrix: *Rainbow Bridge*, Reprise K 41459, November 1971; auch: CD (Int.), Jimi Hendrix: *First Rays Of The New Rising Sun*, MCA 11599, April 1997

Als Jimi den Basic-Track dieses funkelnden Funk-Songs in
Vgl. S. 82 bester *Foxy-Lady*-Tradition am 1. Juli 1970 aufnahm, war Devon Wilson im Studio anwesend: eine starke, schöne Frau, die nicht nur wegen ihrer sexuellen Präsenz (»Her love's so heavy, gonna make you stagger«), sondern auch wegen ihrer musikalischen Ansichten in Rock-Kreisen geschätzt war. Ihr ist das Lied gewidmet, wie Jimis Ausruf im Lied »Watch out Devon!« belegt. Gleich in der ersten Strophe geht es um die ewige Fehde zwischen Hendrix und Mick Jagger, die in Jimis offenkundigem Bemühen um Micks Freundin Marianne Faithful und Jaggers Retourkutsche als Liebhaber von Devon Wilson kulminierte: »She drinks her blood from a jagged edge.« Angeblich hat diese Zeile ihren Ursprung in jenem Unfall Micks während Jimis Geburtstagsparty am 27. November 1969, als Jagger sich seinen Finger verletzte und Devon sich – anstatt einen Verband zu holen – Jaggers Finger lasziv in den Mund schob und das Blut ableckte. Hendrix war darüber nicht »amused«.
Er spielt in dem Text darauf an, dass Devon ihr Leben lang kämpfen musste, um zu einer starken, wenn nicht dominanten Persönlichkeit zu werden: »Been ridin' brommsticks since she was fifteen.« Zugleich beschwört er ihren animalischen Zauber: »Well, I seen her in action at the Player's Choice / Turn all the love men into doughnut boys.« Das ganze Lied ist von unverhohlener Sexualität durchtränkt, intensiviert durch einen hämmernden Beat und ein pumpendes Bass-Riff. Die dunkle Funk-Nummer gilt als Jimis Vermächtnis, weil es der Song war, den Hendrix am 24. August 1970 während seines letzten Besuchs im Electric Lady Studio abmischte – bevor er drei Tage später die Staaten verließ.

Wirkung

Das Märtyrer-Syndrom der Popkultur

Jimi Hendrix starb einen Märtyrertod in eigener Sache. Mit seinen knapp 28 Jahren erfüllte er perfekt die mediale Maxime »Die Young!«, denn diese entpuppte sich im Zeitalter der grenzenlosen elektronischen Reproduzierbarkeit als entscheidende Voraussetzung für Unsterblichkeit. Darüber hinaus symbolisierte sein sinnloser Tod jene »großartige Vergeblichkeit«, die zentral zum Heldischen gehört und ihn zum dauerhaften Pin-up-Boy der Gegenkultur werden ließ. Hendrix, der in vielen seiner Songs Engel als unsichtbare Boten der Kommunikation, als Träger und Künder von Heil und Unheil auftreten ließ, glich am Endes seines kurzen, heftigen Lebens selbst einem gefallenen Engel. Seiner dauerhaften Idolisierung als Übermittler eines neuen, durch den Rock 'n' Roll rhythmisierten Körpergefühls entspricht spiegelbildlich sein lebenspraktisches Scheitern in einer Art phantastischer Überspanntheit.

Pin-up-Boy der Subkultur

Jimi Hendrix galt als Naturtalent, das keine Noten lesen konnte und auch nicht brauchte. Seine Kunst besaß instinktive Brillanz und Größe. Oft hat er über die Zwangsjacke seiner Auftritte geflucht, abgelegt hat er sie nie. Vielleicht war auch er vom kommerziellen Kalkül schon infiziert. Eric Burdon macht sich da keine Illusionen: »Im Rock 'n' Roll bleibt die Unschuld als Erstes auf der Strecke. Das war bei Jimi nicht anders.« (zit. n. Burdon 2004, S. 145)

Hendrix starb just in dem Moment, in dem sich die Popkultur dramatisch zu verändern begann. Die brutale Kollision von verinnerlichtem Peace-Pathos und knallharter Geschäftswirklichkeit führte in der Folge nicht selten zu einer Gleichzeitigkeit von Größenwahn und Vereinsamung. Vielleicht hatte Hendrix auch zum Zeitpunkt seines Todes künstlerisch seine besten Jahre bereits hinter sich, seine Meisterwerke geschaffen, all seine Möglichkeiten virtuos und bis an die Grenze des

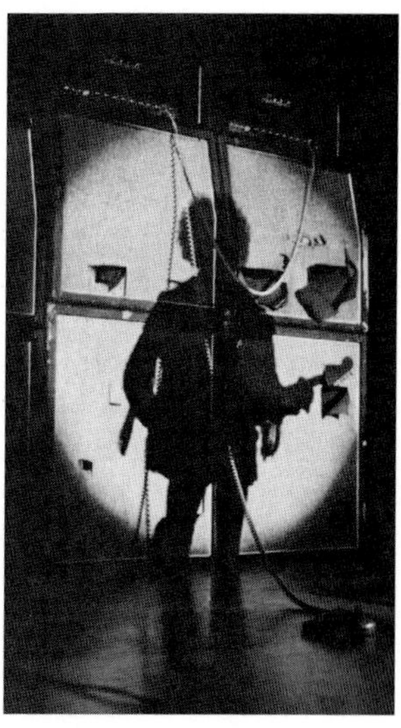

»Der Schatten«, 1968

Möglichen ausgereizt. Am Ende wirkte er ausgezehrt und abgekämpft, richtungslos. Es gab keine stabile Gruppe mehr um ihn herum, die ihn hätte inspirieren und stützen können. Dabei war Hendrix auch in seinen Bands letztlich immer ein Solo-Künstler geblieben: ein Einsamer, der auf psychologische Unterstützung nicht wirklich vertrauen konnte. Und doch ist er bis heute der einflussreichste Gitarrist der Rockmusik. Vielleicht auch deshalb, weil man bei ihm nicht das Gefühl hat, er hätte noch mehr Zeit gebraucht, um sein Talent zu vollenden. Jimis Blues-Gitarren-Kollege Johnny Winter: »Er konnte sich während seines Spiels nie verstecken, er konnte einfach nur spielen.« (zit. n. Perry 2004, S. 54, Ü. d. A.)

Der musikalische Innovator

Man wird die Geschichte der E-Gitarre immer in zwei Teilen erzählen müssen: vor Hendrix und nach Hendrix. Natürlich gab es schon vor Jimi begnadete Gitarristen, die ihr Instrument als visionäre Stimme innerhalb eines entsprechenden musikalischen Kontextes nutzten. Man denke nur an Pioniere wie Charlie Christian, Les Paul, Wes Montgomery, B. B. King oder Jeff Beck. Sie alle trieben das Gitarrenspiel über die Grenzen ihres Genres hinaus und schufen unerhörte Sounds. Doch als Hendrix mit Songs wie *Purple Haze* oder *Manic Depression* in die Rockszene hineinexplodierte, wurde schlagartig klar: Hier handelte es sich um eine völlig neue Musik, jenseits aller Vorstellungskraft. Sie erwuchs aus der E-Gitarre, die nicht länger ein Werkzeug zu sein schien, sondern ein eigener Klangkosmos, voller fremder Formen und Gestalten. Schaut man sich rückblickend die führenden Rockgitarristen Mitte der Sechziger in England an – von George Harrison über Eric Clapton bis Pete Townshend –, so fällt sofort auf, dass sie bei aller Virtuosität ihr Instrument noch wie eine Art Prothese handhabten, wie ein Objekt, das man mehr oder weniger steif bedient. Selbst der Gitarrenzertrümmerer Townshend, der in spektakulärer »Windmühlentechnik« mit der rasanten Rotation seines rechten Arms eine Fülle von Power-Chords aus dem Instrument herausprügelte, wirkte – verglichen mit Hendrix – wie ein statischer Techni-

Pete Townshend, vgl. S. 43

ker. All diese Gitarristen bewegten sich während ihres Spiels kaum, ließen sich allenfalls zu sparsamen Schlenkern mit dem Instrument hinreißen. Hendrix dagegen tanzte mit seiner Gitarre und hob die Distanz zwischen seiner Leiblichkeit und dem fremden, äußerlichen Gegenstand auf. Danach war die E-Gitarre ein anderes Instrument geworden, nein, mehr als ein Instrument. Sie glich jetzt einem neuen Körperteil mit ungeahnten physischen Möglichkeiten. Sie konnte andere Körper in Schwingung versetzen, sie agitieren, liebkosen, verletzen und beruhigen. In den besten Momenten völlig anstrengungs- und zugleich zügellos in der Gestik seines Spiels, transformierte Hendrix seine personale Gestalt in Klanggestalten, die den Zuhörer heimsuchten. Dabei verschmolz seine physische Präsenz oft bis zur Ununterscheidbarkeit mit seinem Ausdrucksmedium »Gitarre«.

»Jimi war ein wunderbarer Gitarrist. Er war nicht besonders gut ausgebildet und hatte nur wenig Ahnung von Harmonielehre. Aber das machte er durch seine Imaginationskraft mehr als wett. Er war überhaupt nicht prahlerisch in seinem Spiel. Er war einfach ein Gitarrist, das war alles, was er sein wollte.« (Der Jazzrock-Pionier John McLaughlin 1970 über die intuitive Musikalität von Hendrix; zit. n. Perry 2004, S. 129, Ü. d. A.)

Das Geheimnis von Jimis Faszinationskraft bestand darin, dass er mit den Schallwellen seiner Musik in den Konzerten die Zuhörer körperlich berühren konnte. Der Sound mit seinen kalkulierten Ober- und Differenztönen »fasste« sie an, löste im Idealfall mit seinen Schwingungen im Einzelnen eine »Körperverwandlungskraft« aus: »Was so viele am Anfang des Hendrix-Hörens als ›Brutalität‹ empfanden, entpuppt sich als Wärme, als Umschmelzkraft.« (Klaus Theweleit 2008, S. 108) Dieses Sound-Mysterium, das sich beim Hören von Jimis Platten erst ab einer bestimmten Lautstärke entwickelt, war für viele Besucher seiner Konzerte unmittelbar erlebbar. Kein anderer Rockgitarrist vor oder nach ihm erreichte eine solch schwerelose Einheit von körperlichen Bewegungen und der Dynamik seiner Sounds.

Klaus Theweleit

> »Ein Gutteil von Jimis Attraktivität lag in seiner besonderen Motorik begründet. Seine Bewegungen besaßen eine Flüssigkeit und eine lässige Leichtigkeit, gegenüber der man sich als weißer Rockmusiker einfach starr und steif fühlen musste.« (Robert Wyatt über Jimis provozierendes Körpergefühl; zit. n. Kemper 2008)

Durch seine extrem großen Hände gelangen Hendrix »voicings«, die für andere Gitarristen fast unmöglich sind. Sein überlanger Daumen erlaubte es ihm, ihn wie bei einem Barré-Akkord über mindestens drei Saiten zu legen und damit vier Finger der rechten Hand für Harmonie- und Leadfiguren frei zu haben. Immer wieder konnte er auf diese Weise kleine melodische Motive aus gewöhnlichen Akkordstrukuren erzeugen, zupfte nicht selten unisono Oktaven und verband Einzeltöne durch Slide- und Bendingeffekte.

Vgl. S. 28 Neben der Fender Stratocaster – inzwischen hat Fender verschiedene Hendrix-Sondermodelle, wie z. B. eine skrupulöse Rekonstruktion seiner Woodstock-Gitarre, auf den Markt gebracht – spielte er gelegentlich auch eine Gibson Flying V und eine 55er Les Paul. Gern stimmte er die Gitarre um einen Halbton herunter, damit sie mit der Tonlage seines Gesangs besser harmonierte. Hendrix nutzte buchstäblich jeden Zentimeter seiner Gitarre zur Sounderzeugung: Er entfernte z. B. die Abdeckplatte auf der Rückseite des Korpus, die die Federn des Vibratosystems verdeckt. Durch Anschlagen und Zupfen selbst dieser Federn gelangen ihm unerhörte Soundeffekte. Gleichzeitg schöpfte er ausgiebig das Tondehnungspotential des Vibratohebels aus, traktierte die Rückseite des Gitarrenhalses, um perkussive Donnerklänge zu erzeugen,

Werbeanzeige für die Fender Stratocaster

schlug selbst die Saiten unmittelbar vor den Stimmwirbeln an, stimmte sie während des Spiels herunter und veränderte gleichzeitig mit den Kontrollreglern und dem Pick-up-Umschalter der Gitarre ihr Ansprechverhalten. Sein Zupfen der Saiten mit der Zunge und den beiden oberen Schneidezähen sorgte neben spektakulärer Optik für besonderen »attack«. Live spielte Hendrix immer mit einer exzessiven Lautstärke, die ihm erst seine charakteristischen Tonwellen und Feedback-Melodien ermöglichte.

»Jimi Hendrix war ein Genie, ein Monster. Für mich war er der größte Rock 'n' Roll-/Blues-Sänger, der jemals gelebt hat. Viele Musiker haben seitdem versucht, so wie er zu klingen, aber niemand hat es ganz geschafft. Denn der Klang kommt aus der Seele, und davon hatte Jimi mehr als genug.« (John Lee Hooker, der selbst *Red House* gecovert hat; zit. n. Obrecht 1995, S. 85, Ü. d. A.)

Feedback-Zauber, vgl. S. 70

Es gibt so etwas wie ein spezielles »Hendrix-Feedback«: Er transformiert das zufällige schrille Heulen eines Gitarrenverstärkers in eine melodische Rückkopplung. Jede Bewegung des Gitarristen vor seinem Verstärker verändert dieses Feedback in Tonhöhe und Klangfarbe, die Schwingungscharakteristika der Bühnenbretter bieten zusätzliche Modifikationsmöglichkeiten. Manchmal entsteht es als Oktavverdopplung, wobei der hohe Ton aus dem tieferen zu erblühen scheint. Hendrix' perfekteste Form des Feedbacks aber gleicht dem Sound eines Streichinstruments (Cello, Violine), wenn es sich in der Luft als weiches, dramatisch anschwellendes »sustain« materialisiert. Wer eine »fehlerhafte« Rückkopplung in ihren melodischen Qualitäten so perfekt kontrollierte wie Hendrix, konnte im wahrsten Sinn des Wortes die Bühne selbst als Instrument bespielen, sie in einen einzigen klingenden Resonanzkörper verwandeln.
Sein beinahe beiläufiger Einsatz von Effektgeräten wie dem Vox-Wah-Wah-Pedal, dem Dallas-Arbiter Fuzz Face, Roger Mayers Octavia und einem Univox UniVibe erlaubte es ihm, genau kalkulierte Frequenz-Schichtungen aufzubauen.

Beim Konzert im New Yorker Madison Square Garden, 1969. Am Fuß: das Wah-Wah-Pedal

Auch nutzte Hendrix – lange vor Eddie van Halen – schon beidhändiges Tapping: für subtile perkussive Effekte und einzelne Trillernoten. Zudem war er ein Meister von rasanten Hammer-on- und Pull-off-Techniken. Die meisten seiner Soli schöpften aus einer pentatonischen Moll-Skala, wie sie von fast allen Blues-Gitarristen bevorzugt wird. Dennoch brach er mit seinen melodischen Erfindungen oft aus dieser Blues-Skala aus. Sein brillantes Rhythmus-Spiel, das weit über das hinausging, was man von Rockgitarristen damals hörte, verleugnete nie die Einflüsse von Curtis Mayfield und Wes Montgomery.

Jenseits von Rock, Blues und Jazz

Hendrix war ein musikalischer Pfadfinder, der uns daran erinnert, dass die Wurzeln des Gitarrenspiels im Reich der Zigeuner liegen, an Lagerfeuern und nicht in Seminarräumen. Als Vater der elektronischen Gitarre wirkt er zugleich – was das Erbe des Rhythm 'n' Blues angeht – als Hüter der Flamme. Er verkörpert noch heute den Prototypen des »black rocker«, das Rollenmodell für Nachfolger wie Prince, Vernon Reid von der Band Living Colour oder Lenny Kravitz. Hendrix transzendierte als erster schwarzer Rockmusiker alle Rassen-, Klassen- und Nationalitätsgrenzen. Von Frank Zappa über das Kronos Quartet bis Soft Cell wurde Hendrix' Jahrhundert-Song *Purple Haze* gecovert. Die Red Hot Chili Peppers bezeichnen Hendrix als ihren Haupteinfluss, während Rap-Gruppen wie die Beastie Boys oder Public Enemy nicht nur musikalische Samples von Hendrix-Songs in ihre eigenen Stücke einbauen, sondern ihr ganzes schwarzes Selbstverständnis auf Jimi zurückführen. Ob das P-Funk-Project von George Clinton oder Defunkt von Joseph Bowie, beide Bands beziehen sich essentiell auf den späten Hendrix. Selbst ein Free-Jazz-Revolutionär wie der Gitarrist Sonny Sharrock hätte seine Splitterbomben auf dem Griffbrett niemals ohne Jimis Vorleistungen zünden können. Von dem Bassisten Jaco Pastorius bis zu den Hardrockern Aerosmith reicht die bekennende Hendrix-Schülerschaft.

***Purple Haze*, vgl. S. 109**

Als legitimer Nachfolger des Griffbrettstürmers aus Seattle wurde jahrelang der Texas-Blueser Stevie Ray Vaughan gehandelt. Seine zügellosen, bisweilen 15-minütigen Versionen von *Machine Gun* oder *Little Wing* zählen zu den Meilensteinen des Rockgitarrenspiels. Nicht nur hat Vaughan sein Instrument beherrschen gelernt, indem er tagelang zu Hendrix-Platten jammte, auch sein dickflüssiger und zugleich beißender Ton stammt direkt aus dem Soundarsenal von Hendrix. Mit einer besonderen Technik versuchte er zudem der »polyphonen Spielweise« von Jimi nahezukommen: Vaughan entwickelte ein spezielles Picking der rechten Hand, das es ihm erlaubte, mit einem Plektrum und dem Mittelfinger zugleich Lead-Licks und Akkordstrukturen zu generieren. Bis

Stevie Ray Vaughan

zu seinem tragischen Unfalltod im August 1990 in den USA galt Stevie Ray Vaughan als begabtester Hendrix-Jünger. Kaum ein Gitarrist heute, der nicht auf die eine oder andere Art von Jimis Spiel beeinflusst wäre. Ob Eric Clapton, John McLaughlin, Steve Vai, Robin Trower, Bob Dylan oder Mark Knopfler, aber auch jüngere Saitenartisten wie Walter Trout, Popa Chubby, Nguyên Lê oder Eric Gales – sie alle versuchen regelmäßig, sich Hendrix-Kompositionen als eigene Stücke anzuverwandeln. Selbst die amerikanische Performance-Künstlerin Laurie Anderson hat *1983 (A Merman I Should Turn To Be)* interpretiert, während die Jazzsängerin Cassandra Wilson mit dem Saxophon-Heroen Pharoah Sanders Jimis *Angel* neue Flügel verlieh. Dem bis heute wohl größten Belastungstest sind Hendrix-Kompositionen am 26. Juni 2005 beim Abschlusskonzert des Londoner Meltdown Festivals unterzogen worden. Kuratiert von Patti Smith – die Punk-Poetin, lausige Klarinettistin, betörende Sprechsängerin und Ikone der Frauenbewegung hatte ihre Karriere 1974 mit einer schmutzigen Coverversion von *Hey Joe* eingeleitet – dokumentierte der Abend die andauernde, über alle Stilgrenzen hinausreichende Wirkung von Jimi Hendrix. Ob auf Akkordeon, Harfe, im Streichquartett, am E-Bass oder mit mongolischem Kehlkopfgesang – Hendrix-Song-Klassiker wurden an diesem Themenabend respektlos reformuliert.

Meltdown Festival

Die Band Yat Kha des Sängers und Gitarristen Albert Kuvezin nahm sich beispielsweise Hymnen wie *Purple Haze* und *Highway Chile* vor. Kuvezin, ein Spezialist für den »Kanzat«, eine Sonderform des zentralasiatischen Untertongesangs, dekonstruierte das Hendrix-Erbe zu einer bedrohlich grummelnden Klangmasse. Schärfer konnte der Gegensatz zum Alexander Balanescu String Quartet nicht sein: Seine Beschreibung der »listigen, lüsternen Lady« und eines gewissen »spanischen Schlosszaubers« simulierte auf Geigen und Cello das Jaulen und die Geräusche, die Hendrix im Feedback-Inferno seinem Instrument entlockte: ein Zugleich von ätherischer Leichtigkeit und bedrückender Erdenschwere.

Flirrend, beinahe schwerelos kamen auch die Arrangements der amerikanischen Sängerin und Harfenistin Joanna Newsom daher. Am anderen Ende der Lautstärkeskala rangierte die Performance des britischen Dancefloor-Elektronikers Squarepusher. Was er seinem sechssaitigen Instrument an melodischem Fauchen und perkussiven Blitzeinschlägen entlockte, war bis dato in einem Bass-Solo ungehört. Ihm folgte der einmalige Auftritt des Ex-Smith-Gitarristen Johnny Marr zusammen mit dem Enfant terrible des New Wave Robyn Hitchcock. Ihre Lesart von *May This Be Love* entwickelte sich ganz in die Richtung der »space sculptures«, die Hendrix in seinen Songs erfand.

Freudenfest für Griffbrett-Artisten: Flea, Bassist der Red Hot Chili Peppers, erinnerte durch raffinierte Delay-Schichtungen seiner Akkordfiguren in Hendrix' Science-Fiction-Soundtrack *Third Stone From The Sun* an die »orchestrale« Spielweise des Gitarristen. Ob Tom Verlaine von den US-Punk-Pionieren Television sich noch einmal zu splitternden Akkordfolgen hinreißen ließ oder der No-wave-Jazzer James Blood Ulmer im Trio mit Wah-Wah-Violine die Wucht einer *Machine Gun* lautmalerisch demonstrierte – Jimi Hendrix ging ihnen allen hilfreich zur Hand. Der abschließende Höhepunkt dieser *Songs Of Experience* aber blieb Jeff Beck vorbehalten. Der Freund und ehemalige Weggefährte von Hendrix lieferte in seiner Lesart von fünf Hendrix-Hits das unnachahmliche Zugleich von gänzlich beiläufig wirkendem Erfindungsreichtum

Die Red Hot Chili Peppers im Hendrix-Outfit

und hochkonzentrierter Kraft. Vor allem die beiden Balladen *Hey Joe* und *The Wind Cries Mary* entwickelten durch die giftigen Blues-Injektionen von Becks Gitarre eine fiebrige, fast überirdische Atmosphäre.

Zahllose Hendrix-Tribute-Alben versammeln Musiker unterschiedlichster Couleur, um die andauernde Strahlkraft von Hendrix' Visionen zu beglaubigen. Neben dem von Eddie Kramer mit dem London Metropolitan Orchestra produzierten Sampler *In From The Storm* mit betörenden Beiträgen von Sting, Carlos Santana, Taj Mahal oder Paul Rodgers, war es vor allem das Tribute-Album *Stone Free* aus dem Jahr 1993, das Jimis Werk einem jungen Publikum nahebrachte: Neben dem Punk-Geiger Nigel Kennedy oder dem Jazz-Multistilisten Pat Metheny wirkten Rapper wie Ice-T, P. M. Dawn oder der frühere Guns-'n'-Roses-Gitarrist Slash an den musikalischen Umschmelzungen mit.

Seit Jahren arbeiten sich auch Big Bands an der Adaption von
Vgl. S. 66 Hendrix-Stücken ab – nachdem das Gil Evans Orchestra 1974 mit seinen Hendrix-Arrangements den Anfang gemacht hatte. Die Reihe ungewöhnlicher Hendrix-Widmungen ließe sich noch über Ben Harper, Iggy Pop, das World Saxophone Quartet fortführen – entscheidend bleibt jedoch, dass sich in all diesen mehr oder weniger gelungenen Anverwandlungen die enorme Herausforderung von Hendrix-Stücken dokumentiert, die bei aller Verfremdung und Dekonstruktion ihre magische Identität nie ganz verlieren.

»Hendrix und Coltrane waren ihrer Zeit meilenweit voraus und spielten futuristisches Zeug, was ewig Bestand haben wird.« (Der Chicagoer Blues-Berserker Buddy Guy über Jimis Nähe zum einflussreichsten Saxophonisten des modernen Jazz; zit. n. Obrecht 1995, S. 83, Ü. d. A.)

Hendrix befreite die E-Gitarre aus ihrem Zwang, bloß Noten und Rhythmen zu generieren. In seinen Händen verwandelte sie sich in eine dreidimensionale Sound-Maschine, in eine Art zweite Stimme, zu Ausdrucksweisen fähig, die unser Begriffsvermögen übersteigen. Oft wurde behauptet, Hendrix habe die Inspiration für all seine Grenzüberschreitungen zuallererst aus Drogen bezogen. Sicherlich war er der erste Gitarrist, der den Sound von LSD hörbar machen konnte. Dabei wollte er zuallererst zeigen, dass die Skalen und Akkorde auf dem Instrument nur Spielmarken in einem großen, kreativen Ganzen sind. Selbst wenn man alle hochentwickelten Tricks und Techniken von seinem Spiel abzieht, flüstert seine Gitarre immer noch, schwingt sich auf, taucht hinab und folgt dem Schlag des Herzens.

Can You See Me? Kommerzkult und Streit der Erben

Der Nachruhm von Hendrix ist beispiellos: Keiner der berühmten Rock-Toten von Brian Jones über Janis Joplin bis zu Jim Morrison hat in der Popularmusik so tiefe Spuren hinterlassen wie er. Kein anderes Werk eines Rockmusikers wurde aber auch so gnadenlos ausgeschlachtet und medial vermarktet wie das des Gitarristen aus Seattle. Bis heute treibt der Devotionalienhandel seltsame Blüten: So fand z. B. Jimis angekokelte Gitarre von 1967 im Jahr 2008 für 345 000 Euro einen Käufer. Hunderte von teilweise miserabel aufgenommenen Bootleg-Veröffentlichungen von Hendrix-Konzerten überschwemmten nach seinem Tod den Markt, Kopien von Kopien von Kopien seiner Studio-Sessions aus dem letzten Lebensjahr fanden begierige Hörer. Parallel zu dieser Vermarktungsoffensive jedes jemals von Jimi

Auktion von Hendrix' angekokelter Stratocaster, London 2008

> »Jimis Musik besitzt die Fähigkeit, Raum und Zeit zu überwinden. Deshalb wird sie auch nie aus der Mode kommen.« (Eddie Kramer über Hendrix' Nachruhm; zit. n. Gill 1995, S. 66, Ü. d. A.)

gespielten Tons überschwemmten unzählige Merchandising-Produkte den Markt, von T-Shirt- und Postervarianten mit Jimis Konterfei, Taschen, Kappen, Teetassen, Kartenspielen, Wandkalendern bis zu musikalischem Zubehör, das seinen Namen trägt: Saiten, Effektgeräte und Signature-Gitarren-Modelle. Als verselbständigtes Markenzeichen garantiert sein Name noch bei absurdesten Produkten wie z. B. dem

»Voodoo Child Sculpted Mug« oder der »Jimi Hendrix Wall Clock« volle Kassen.

Dabei hat kein anderer Rockstar ein ähnlich verworrenes Erbe hinterlassen wie Hendrix. Viele persönliche Schicksale wurden durch seinen Tod geprägt. Schon im Februar 1971, nur fünf Monate nach Hendrix' Tod, kam Devon Wilson unter ähnlich mysteriösen Umständen wie ihr langjähriger Liebhaber bei einem Sturz aus einem Fenster des Chelsea Hotels in New York ums Leben. Monika Dannemann, die sich nach Jimis Tod in ihre eigene Hendrix-Traumwelt geflüchtet hatte, machte aus ihrer Wohnung mittels selbstgemalter Ölbilder, die das Paar in kosmischen Umschlingungen jeder Art zeigen, einen großen Gedenkschrein: Der Geliebte wurde zum Heiligen verklärt, sie inszenierte sich als die »verwitwete Verlobte«. Mit Jimis langjähriger Londoner Freundin Kathy Etchingham steigerte sie sich in eine Dauerfehde. Seinen Höhepunkt erreichte der biestig-tragische Kampf im Dezember 1993. Nach dreijähriger Recherche, den minutiösen Ablauf jenes Morgens am 18. September 1970 betreffend, wurde Dannemann von Etchingham in einem Dossier der unterlassenen Hilfeleistung und Falschaussage bezichtigt. Generalstaatsanwalt Nicholas Lyell rollte daraufhin 1994 den Fall noch einmal auf – mit dem Ergebnis, dass Hendrix mit an Sicherheit grenzender Wahrscheinlichkeit schon längere Zeit tot gewesen war, als der Krankenwagen eintraf. Damit wurde die über die Jahre immer wieder von Dannemann verbreitete Version der Ereignisse widerlegt. Trotzdem reklamierte Dannemann in ihrem Buch *The Inner World Of Jimi Hendrix*, das im September 1995 erschien, noch einmal ihre Deutungshoheit in Sachen Hendrix und wiederholte beleidigende Äußerungen gegenüber Etchingham, die ihr bereits 1992 gerichtlich untersagt worden waren. Etchingham verklagte daraufhin ihre ewige Rivalin wegen übler Nachrede. Dannemann wurde schuldig gesprochen, erneut verwarnt und zur Zahlung von rund 70 000 DM Gerichtskosten verurteilt. Die konnte sie nicht zahlen. Gedemütigt und finanziell am Ende, beging sie wenige Tage später am 2. April 1996 vor ihrem Haus in Seaford Selbstmord.

Zickenkrieg, vgl. S. 75

Hendrix hatte kein Testament hinterlassen, und so wurde zunächst sein Vater Al zum Alleinerben seines Werks. Die Klärung der verworrenen Vermögensverhältnisse gestaltete sich schwierig, weil nicht einmal 20 000 Dollar Barvermögen vorhanden war und in zweijährigen Verhandlungen mit Mike Jeffery die Vertragsverhältnisse mit den Plattenfirmen erst einmal geklärt werden mussten. Als Jeffery dann am 5. März 1973 bei einem Flugzeugabsturz ums Leben kam, begann die finanzielle Neuordnung von Jimis Nachlass von vorn. Leo Branton, ein erfahrener Musikeranwalt, beriet Al Hendrix bei der Nachlassverwaltung und ließ sich von ihm 1974 einen Verkaufsvertrag unterschreiben, der Jimis Vater lediglich 500 000 Dollar in zehn Jahren zusicherte. Branton brachte seinerseits Allen Douglas für die kreative Auswertung von Hendrix' musikalischem Erbe mit ins Spiel. Mitch Mitchell und Noel Redding ließen sich mit 300 000 bzw. 100 000 Dollar abfinden und verzichteten damit auf alle zukünftigen Tantiemen. Während Jimis ehemalige Freundin Diana Carpenter zweimal vor Gericht damit scheiterte, ihre Tochter Tamika zur Hendrix-Erbin erklären zu lassen, war Eva Sundquist erfolgreicher. Nach gewonnenen Prozessen in Schweden, die Jimis Vaterschaft im Falle von James Sundquist feststellten, wurde sie schließlich von Al Hendrix mit einer Million Dollar abgefunden.

Vgl. S. 28

Vgl. S. 54

Ende 1992 erfuhr Al zufällig, dass die MCA Music Group das Hendrix-Erbe für mehr als 30 Millionen Dollar aufkaufen wollte. Erst jetzt stellte er fest, dass er nicht mehr im Besitz der Urheberrechte am Werk seines Sohnes war. Er verklagte daraufhin im April 1993 Leo Branton, den Herrscher über ein verschachteltes Copyright-Kartell, zusammen mit dessen diversen Vertragspartnern wegen Betrugs und Verletzung ihrer treuhänderischen Pflichten. Erst zwei Jahre später konnte eine Einigung zwischen Al Hendrix, Leo Branton und Allen Douglas erzielt werden. Douglas hatte kurz zuvor mit den beiden opulenten Box-Sets *Lifelines – The Jimi Hendrix Story* (1990) und *Stages – Jimi Hendrix Concerts* (1991) noch einmal eindrucksvoll seine editorische Kompetenz bewiesen. Beiden Prozessgegnern zahlte Al neun Millionen Dollar; sie verzichteten dafür auf alle zukünftigen Rechtsansprüche.

Im Schoß der Familie

1995 gründete sich unter der Leitung von Jimis Stiefschwester Janie das Familienunternehmen »Experience Hendrix LLC«, das jetzt die Auswertung des kompletten musikalischen Nachlasses übernehmen konnte. 44 Jahre nach seiner Exfrau Lucille und 32 Jahre nach seinem berühmten Sohn starb Al Hendrix am 17. April 2002. Im selben Monat verstarb überraschend auch Noel Redding im Alter von 57 Jahren. Gerade erst hatte er angekündigt, sich auch noch ein Stück vom Kuchen der »Experience Hendrix LLC« juristisch sichern zu wollen. Mitch Mitchell, der sich nach Jimis Tod keiner festen Formation mehr angeschlossen und zusammen mit Billy Cox immer wieder an Tribute-Tourneen teilgenommen hatte, wurde am 12. November 2008 während einer solchen von der »Experience Hendrix LLC« organisierten Memorial-Tour tot in einem Hotelzimmer in Portland aufgefunden. Er hatte bis zuletzt freundschaftlich mit dem Familienunternehmen kooperiert.

Wie verworren die familiären Verhältnisse blieben, zeigte sich daran, dass Jimis Bruder Leon nach dem letzten Willen seines Vaters aus dem geschätzten Vermögen von 80 Millionen Dollar nur eine Goldene Schallplatte erhielt. In seiner Autobiographie *My Son Jimi* (1999) hatte Al Hendrix zuvor überraschend seine Vaterschaft im Fall Leons abgestritten. Leon ging daraufhin vor Gericht, erklärte, das Testament sei eine Fälschung, und verklagte seine Halbschwester Janie und seinen Cousin Bob, der als Vizepräsident von »Experience Hendrix LLC« arbeitete. In einem langwierigen Prozess, an dem sich viele Familienangehörige beteiligten, wurde schließlich im September 2004 das Testament von Al bestätigt. Die Forderungen Leons und seiner Geschwister waren damit abgewiesen.

Vgl. S. 13

Während sich der Nachruhm von Jimi Hendrix noch immer aus seiner unzerstör-

Das Gebäude des »Experience Music Project« in Seattle

baren Musik speist, baute ihm der Milliardär Paul Allen im Jahr 2000 in Seattle eine Gedenkstätte der besonderen Art. Das 280 Millionen Dollar teure Gebäude – als futuristische Stahlskulptur vom Stararchitekten Frank O. Gehry entworfen – beherbergt mit dem »Experience Music Project« nicht nur ein interaktives Museum zur Entstehung der Popmusik. Das angrenzende »Science Fiction Museum« versammelt ganz im Sinne von Jimi Hendrix Artefakte, Filme, Literatur und Multi-Media-Installationen aus der SF-Welt. Würde man aus dem verbauten Stahl dieses Gebäudes eine E-Saite herstellen, wie Hendrix sie benutzte, sie wäre gut 2,5 Millionen Kilometer lang und ließe sich rund 65 Mal um die Erde wickeln bzw. fast ein Viertel des Wegs zum Planeten Venus ausrollen. Das hätte Hendrix zweifellos gefallen.

Anhang

Zeittafel

1942 Geburt von Johnny Allen Hendrix am 27. November um 10.15 Uhr im King County Hospital, Seattle.

1946 11. September: Al Hendrix lässt den Namen seines Sohns in James Marshall Hendrix ändern.

1949 5. September: Einschulung in Vancouver, im Oktober Rückkehr nach Seattle und Besuch der Rainier Vista School.

1951 17. Dezember: Scheidung von Al und Lucille Hendrix, James nennt sich jetzt Jimmy.

1953 Besuch der Leschi Elementary School bis Juni 1955.

1955 7. September: Wechsel zur Meany Junior High School.

1956 23. Februar: Besuch der Washington Junior High School.

1957 1. September: Jimmy hört Elvis Presley im »Sicks' Stadium«, Seattle.

1958 2. Februar: Lucille stirbt im King County Hospital.

1958 Jimmy bekommt seine erste gebrauchte Gitarre.

1959 Eintritt in die Garfield High School, Seattle. – Erster öffentlicher Auftritt mit The Velvetones. – Bassist des Sextetts The Rocking Kings.

1960 20. Februar: Jimmy wird Gitarrist der Rocking Kings; zahlreiche Auftritte im Bundesstaat Washington; Gründungsmitglied der Tomcats. – 31. Oktober: Jimmy verlässt die Garfield Highschool ohne Abschluss und arbeitet mit seinem Vater als Landschaftsgärtner.

1961 Mai: Jimmy wird zwei Mal wegen Fahrens ohne Führerschein verhaftet. – 31. Mai: Freiwillige Verpflichtung bei der Army für drei Jahre. – November: Einberufung in die 101st Airborne Division, Fort Campbell, Kentucky. Bekanntschaft mit Billy Cox.

1962 Januar: Gründung der King Kasuals mit Billy Cox – 2. Juli: Entlassung aus der Armee; spielt mit den King Kasuals in Nashville. – Jimmy, Cox und Larry Lee auf Tour mit Bob Fisher & The Marvelettes; winterlicher Aufenthalt bei seiner Großmutter in Vancouver.

1963 Begleitet mit George Odell's Backing-Band u. a. Jackie

Wilson, Sam Cooke, The Supremes, Little Richard. – Trifft Lonnie Youngblood in Philadelphia.

1964 Januar: Ankunft in New York City, Gewinn des Nachwuchswettbewerbs in einer Amateurnacht des »Apollo Theatre« in Harlem. – März: Verpflichtung durch die Isley Brothers, Konzerte und Plattenaufnahmen, anschließend Tourneen mit Sam Cooke.

1965 Gitarrist in der Band von Little Richard. – Ab Oktober: Mitglied von Curtis Knight and The Squires, dreijähriger Plattenvertrag mit Ed Chalpin für PPS Enterprises.

1966 Hendrix steigt für sechs Monate bei King Curtis ein, Tourneen und Plattenaufnahmen, Umzug ins Greenwich Village, Begegnung mit Bob Dylan. – Ab Juni Auftritte im »Café Wha«, Gründung von Jimmy James and The Blue Flames. – 9. September: Chas Chandler nimmt Hendrix unter Vertrag – 24. September: Jimi trifft in London ein – 1. Oktober: Jimi jammt mit The Cream. – 6. Oktober: Gründung der Jimi Hendrix Experience (JHE). – 13. Oktober: Erster Auttritt in Evreux, Frankreich, im Vorprogramm von Johnny Halliday. – 23. Oktober: Plattenaufnahmen der JHE. – 8.-11. November: Konzert im »Big Apple«, München. – 16. Dezember: Veröffentlichung der 1. Single *Hey Joe/Stone Free.* – 29. Dezember: Auftritt der JHE in der TV-Sendung »Top Of The Pops«.

1967 Januar – März: Konzerte der JHE in England, Frankreich, Belgien, Holland und Westdeutschland. – 31. März: Hendrix setzt im Londoner »Astoria« erstmals seine Gitarre in Brand. – 5. Mai: Veröffentlichung der dritten Single *The Wind Cries Mary/Highway Chile.* – 12. Mai: Das erste Album *Are You Experienced?* erscheint. – 18. Juni: Brennendes Gitarrenopfer auf dem Monterey International Pop Festival. – 20.-25. Juni: Konzerte im »Fillmore West«, San Francisco. – 8. Juli: Start der 2. US-Tour zusammen mit The Monkees. – Mitte Juli: Studioaufnahme von *Burning Of The Midnight Lamp.* – 18./19. August: Auftritt der JHE mit The Mamas and The Papas und Scott McKenzie in der »Hollywood Bowl«. – Oktober: Fertigstellung des zweiten Albums *Axis: Bold As Love,* das am 1. Dezember erscheint. – 21. Dezember: Ed Chalpin veröffentlicht das unautorisierte Album *Get That Feeling* von Curtis Knight and The Squires.

1968 4. Januar: Jimi verwüstet sein Hotelzimmer in Göteborg und wird verhaftet. – 1. Februar - 6. April: Landesweite US-Tour. – 12. Februar: Rückkehr nach Seattle, Wiedersehen mit seinem Vater Al und Konzert in der »Center Arena«. – Frühjahr: Beginn der Aufnahmen für das Doppelalbum *Electric Ladyland.* – 7. März: Skandalöser Auftritt von Jim Morrison mit Hendrix im »Scene Club«, N.Y. – 5. April: Widmung des Newark-Konzerts dem tags zuvor erschossenen Martin Luther King. – April: Veröffentlichung der »Best-Of«-Sammlung *Smash Hits* in Europa. – Mai: Ausstieg von Chas Chandler als Produzent. – 18./19. Mai: Auftritte beim Miami Pop Festival. – 23. Mai: Start einer mehrwöchigen Europa-Tournee durch Italien, die Schweiz, England und Spanien. – 15. Juni: Jam mit Jeff Beck und Eric Clapton im »Scene Club«. – 30. Juli bis Jahresende: US-Tour mit 50 Konzerten in 20 Bundesstatten. – 25. Oktober: Veröffentlichung der Doppel-LP *Electric Ladyland.* – 27.-29. Oktober: Studio-Aufnahmen mit Robert Wyatt und Eire Apparent in Hollywood.

1969 2. Januar: Rückkehr der JHE nach England. – 4. Januar: »Happening for Lulu«. – 8. Januar: Auftaktkonzert einer Tour durch Schweden, Dänemark, Westdeutschland, Frankreich und Österreich. – 12. Januar: Hendrix begegnet Monika Dannemann in Düsseldorf. – 18./24. Februar: Konzerte in der Londoner Royal Albert Hall. – 11. April: Beginn einer zehnwöchigen US-Tournee. – 3. Mai: Verhaftung wegen Drogenbesitzes in Toronto. – 29. Juni: Letzter Auftritt der Original-JHE beim Denver Pop Festival, Noel Redding verlässt die Band. – Juli: Beginn der Proben im Shokan-House von Gypsy, Sun & Rainbows. – 15. Juli: Kurztripp nach Marokko. – 18. August: Auftritt beim Woodstock Festival. – 10. September: Letztes Konzert der Gypsy, Sun & Rainbows-Band im »Salvation Club« N.Y. – Jahreswechsel 1969/1970: Vier Auftritte der Band of Gypsys im New Yorker »Fillmore East«.

1970 28. Januar: Desaströses Abschiedskonzert der Band of Gypsys beim Winter Festival for Peace. – 25. April: Start der *Cry-Of-Love*-Tour in den USA. – 30. Mai: Militante Auseinandersetzungen während der beiden Berkeley-Konzerte. – 12. Juni: Veröffentlichung des *Band-Of-Gypsys*-Albums in Europa. – 16. Juni: Beginn von Aufnahmen im eigenen »Electric Lady Studio«, N.Y. – 30. Juli: Filmaufnahmen beim *Rainbow Bridge Vibratory Color/Sound Experiment* auf Maui, Hawaii. – 26. August: Offizielle Eröffnung des »Electric Lady Studio«, N.Y. – 31. August: Konzert der reformierten JHE mit Billy Cox beim Isle of Wight Festival. – 2. September: Zusammenbruch von Hendrix während des Konzerts in Aarhus, Dänemark. – 6. September: Letztes Konzert der JHE beim Love and Peace Festival auf der Insel Fehmarn. – 16. September: Jam-Session mit Eric Burdon & War im »Ronnie Scott's Club«, London. – 18. September: Jimi Hendrix wird tot im Londoner Samarkand Hotel aufgefunden. – 1. Oktober: Begräbnis auf dem Greenwood Cemetery in Seattle.

Bibliographie

Songtexte und Selbstzeugnisse

The Lyrics. Hrsg. von Janie L. Hendrix, London 2003
Cherokee Mist – The Lost Writings. Hrsg. von Bill Nitopi, New York 1993
Can You See Me – Songs. Hrsg. von People's Park Edition, London 1994
Jimi Hendrix – In eigenen Worten. Hrsg. von Tony Brown, Heidelberg 2003

Bibliographien, Diskographien und Verzeichnisse

Nachschlagewerke zu Jimi Hendrix reichen von akribisch geführten Tag-für-Tag-Chronologien über Dokumentationen seiner Live-Konzerte bis zu kompletten Verzeichnissen seiner Studio-Aufnahmen. Alle hier aufgeführten Publikationen zeichnen sich durch fachkundige Kommentare zu Leben und Werk aus. Hervorzuheben sind die sorgfältigen Arbeiten von Tony Brown und Steven Roby sowie die Hintergrundinformationen zu den einzelnen Songs in den Werken von David Stubbs und Peter Doggett.

Black, Johnny: *Eyewitness Hendrix. The Day-By-Day Life Story*. London 2004
Brown, Tony: *Jimi Hendrix. A Visual Documentary. His Life, Loves And Music.*, London 1992
Brown, Tony: *Jimi Hendrix. Concert Files*. London 1999
De Lange, Kees / Ben Valkhoff: *Jimi Hendrix. Plug Your Ears. A Comprehensive Guide To Audio And Video Recordings*. Nijmegen 1993
Doggett, Peter: *Jimi Hendrix. The Complete Guide To His Music*. London 2004
McDermott, John with Cox, Billy / Kramer, Eddie: *Jimi Hendrix Sessions. The Complete Studio Recordings, 1963-1970*. London 1995
Roby, Steven: *Black Gold. The Lost Archives Of Jimi Hendrix*. New York 2002
Stubbs, David: *Voodoo Child. Jimi Hendrix. The Stories Behind Every Song*. London 2003

Biographien, Monographien, Studien

Aus der Fülle der Publikationen sind vor allem die Standardwerke von Harry Shapiro / Caesar Glebbeek, Chris Welch, Charles Shaar

Murray und David Henderson hervorzuheben. Die überzeugendste Charakterstudie von Jimi Hendrix dürfte Charles R. Cross vorgelegt haben. Die ausführlichsten Arbeiten zum Musiker Hendrix stammen von Keith Shadwick, Sean Egan und Lothar Trampert. Tony Brown hat die genaueste Rekonstruktion der letzten Lebenstage von Hendrix veröffentlicht. Das anregendste Hendrix-Lesebuch stammt von Adrian Boot / Chris Salewicz. Von den in deutscher Sprache vorliegenden Veröffentlichungen ist besonders der Sammelband von Frank Schäfer zu nennen.

Englischsprachige Literatur

Boot, Adrian / Salewicz, Chris: *Jimi Hendrix. The Ultimate Experience*. London 1995

Brown, Tony: *Hendrix. The Final Days*. London 1997

Egan, Sean: *Not Necessarily Stoned, But Beautiful. The Making Of* Are You Experienced?. London 2002

Etchingham, Kathy / Crofts, Andrew: *Through Gypsy Eyes. My Life, The Sixties And Jimi Hendrix*. London 1998

Hendrix, James Al: *My Son Jimi*. Seattle 1999

Hendrix, Janie L./McDermott, John: *Jimi Hendrix. An Illustrated Experience*. New York 2007

Knight, Curtis: *Jimi. An Intimate Biography Of Jimi Hendrix*, New York 1978

Knight Curtis: *Starchild*. Washington 1992

Lawrence, Sharon: *Jimi Hendrix. The Intimate Story Of A Betrayed Musical Legend*. New York 2006

Mankowitz, Gered: *Jimi Hendrix. The Complete Masons Yard Photo Sessions*. Berlin 2004

McDermott, John / Kramer, Eddie: *Hendrix. Setting The Record Straight*. New York 1994

Mitchell, Mitch / Platt, John: *Jimi Hendrix. Inside The Experience*. New York 1990

Perry, John: *33 1/3 Electric Ladyland*. New York 2004

Potash, Chris: *The Jimi Hendrix Companion. Three Decades Of Commentary*. New York 1996

Redding, Noel / Appleby, Carol: *Are You Experienced? The Inside Story Of The Jimi Hendrix Experience*. New York 1996

Shadwick, Keith: *Jimi Hendrix. Musician*. San Francisco 2003

Shapiro, Harry / Glebbeek, Caesar: Jimi *Hendrix. Electric Gypsy*. London 1990

Tarshis, Steve: *Original Hendrix. An Annotated Guide To The Guitar Technique Of Jimi Hendrix*. Winona 1982
Tate, Greg: *Midnight Lightning. Jimi Hendrix And The Black Experience*. Chicago 2003
Welch, Chris: *Hendrix. A Biographie*. London 1982
Wheeler, Tom / Gore, Joe: *Variations On A Theme. Red House*. Milwaukee 1989

Deutschsprachige bzw. ins Deutsche übersetzte Literatur

Cross, Charles R.: *Jimi Hendrix. Hinter den Spiegeln*. Höfen 2006
Henderson, David: *'Scuse Me While I Kiss the Sky. Das Leben von Jimi Hendrix*. Berlin 2006
Murray, Charles Shaar: *Purple Haze: Jimi Hendrix. Die Legende der Rockmusik*. Wien 1990
Schäfer, Frank (Hrsg.): *A Tribute to Jimi Hendrix*. Berlin 2002
Theweleit, Klaus / Höltschl, Rainer: *Jimi Hendrix. Eine Biographie*. Berlin 2008
Trampert, Lothar: *Elektrisch! Jimi Hendrix. Der Musiker hinter dem Mythos*. Augsburg 1991
Ullrich, Corinne: *Jimi Hendrix*. München 2000

Musikgeschichtliches und soziologisches Umfeld

Boyd, Joe: *White Bycicles. Musik in den 60er Jahren*. München 2007
Büttner, Jean-Martin: *Sänger, Songs und triebhafte Rede. Rock als Erzählweise*. Basel / Frankfurt am Main 1997
Burdon, Eric: *My Secret Life. Die Autobiographie*. Heidelberg 2004
Cohn, Nik: *Awopbopaloobop Alopbamboom. Pop From The Beginning*. London 2004
Davis, Miles: *Die Autobiographie*. Hamburg 1990
Ferguson, Jim u. a. (Hrsg.): *The Guitar Player Book*. New York 1983
Gill, Chris: *Guitar Legends*. New York 1995
Gray, Michael: *The Bob Dylan Encyclopedia*. New York 2006
Guralnick, Peter u. a. (Hrsg.): *Martin Scorsese Presents The Blues. A Musical Journey*. New York 2003
Hicks, Michael: *Sixties Rock. Garage, Psychedelic & Other Satisfactions*. Illinois 1999
Hüttenrauch, Oliver: *Jimi Hendrix & Co. Die Könige des Griffbretts*. Rastatt 1989
Kemper, Peter u. a. (Hrsg.): *Alles so schön bunt hier. Die Geschichte der Popkultur von den Fünfzigern bis heute*. Stuttgart 1999

Kemper, Peter (Hrsg.): *Rock-Klassiker*. 3 Bde. Stuttgart 2003

Kemper, Peter: *Interview mit Robert Wyatt*. 2. November 2008, unveröffentlicht

Marcus, Greil: *Mystery Train. Der Traum von Amerika in Liedern der Rockmusik*. Reinbeck bei Hamburg 1981

Platt, John: *London's Rock Routes*. London 1985

Slaven, Neil: *Electric Don Quixote. Die ultimative Geschichte von Frank Zappa*. Berlin 2006

Smith, Richard R.: *Fender. Ein Sound schreibt Geschichte*. Hamburg 2005

Thompson, Dave: *Better To Burn Out. The Cult Death In Rock 'n' Roll*. New York 1999

Thompson, Dave: *Cream. The World's First Supergroup*. London 2005

Aufsätze, Essays, Artikel, Lexikoneinträge

Elles, Marios: *»Chinese Whispers: Jimi Hendrix, Fame and ›The Star Spangled Banner‹«*. In: 49th Parallel (2006). H. 17. S. 1-13

Ellis, Andy: *»Still Reigning, Still Dreaming«*. In: Guitar Player 29 (1995). H. 9. S. 56-61

Gächter, Sven: *»Gottbegnadet oder vom Teufel besessen?«*. In: Weltwoche (20. 9. 1990)

Herfurtner, Rudolf: *»Kein Affe, den man vorführen kann«*. In: Deutsches Allgemeines Sonntagsblatt (14. 9. 1980)

Kraushaar, Wolfgang: *»Gitarrenzertrümmerung. Gustav Metzger, die Idee des autodestruktiven Kunstwerks und deren Folgen in der Rockmusik«*. In: Mittelweg 36, 10. Jahrgang (2001). H. 1. S. 2-40

Menn, Don: *»And The Wind Cries Jimi«*, In: Guitar Player Presents Guitar Heroes (1992). H. 1. S. 4-9

Menn, Don: *»Cosmic Command – Hendrix' Playing Techniques Revealed«*. In: Guitar Player Presents Guitar Heroes (1992). H. 1. S. 14-19

Mettler, Mike: *»Will I Live Tomorrow?«*. In: Guitar Player 29 (1995). H. 9. S. 63-77

Milkowski, Bill: *»Jimi The Composer«*. In: Guitar World 9 (1988). H. 2. S. 20 ff.

Obrecht, Jas: *»Billy Cox«*. In: Guitar Player 29 (1995). H. 9. S. 79-87

Satriani, Joe: *»An Orchestration Of Blues From Delicate To Bombastic«*. In: Guitar Player 23 (1989). H. 5. S. 48 f.

Savlove, John: *»It Came From Hendrix«*. In: Masters Of Rock (1992). H. 9. S. 14-21

Schultze, Thomas: *»Jimi Hendrix – Feeback bis zum Jüngsten Tag«*. In: Musikexpress (1992). H. 8. S. 64-67

Siemens, Jochen: *»Jimi wach wieder auf!«*. In: Stern (22.12.1993). S. 128 f.

Thompson, Art: *»Keys To The Mystical Kingdom – The Gear Of Jimi Hendrix«*. In: Guitar Player. Classic Lessons Series. How To Play Like Jimi Hendrix (2008). S. 28-33

Zehm, Günter: *»Jimi Hendrix, Janis Joplin oder der Tod des Beat-Festivals«*. In: Die Welt (24.12.1970)

Die wichtigsten Web-Sites zu Jimi Hendrix

www.jimihendrix.com: Offizielle Website von »Experience Jimi Hendrix«, betreut von seiner Schwester Janie.

www.digitalhighway.co.uk/axis: Sämtliche Hendrix-Konzerte in einer interaktiven Datenbank.

www.univibes.com: Das internationale Hendrix Magazin, herausgegeben von C. Glebbeek.

www.jimpress.co.uk: Internationales Hendrix-Magazin mit dem Schwerpunkt Bootlegs.

www.hendrix-links.de: Das deutsche Jimi-Hendrix-Portal mit weiterführenden Links

Diskogaphie (offizielle Veröffentlichungen)

The Jimi Hendrix Experience (Studio)

Are You Experienced (1967) – *Axis: Bold As Love* (1967) – *Electric Ladyland* (1968) *Smash Hits* (1969)

Band Of Gypsys (Live)

Band Of Gypsys (1970)

Postume Veröffentlichungen

The Cry Of Love (1971) – *Rainbow Bridge* (1971) – *War Heroes* (1972) – *Soundtrack Recordings From The Film ›Jimi Hendrix‹* (1973) – *Loose Ends* (1974) – *Crash Landing* (1975) – *Midnight Lightning* (1975) – *Nine To the Universe* (1980) – *The Singles Album* (1983) – *Red House: Variations On A Theme* (1989) – *Cornerstones* 1967-1970

(1990) – *Lifelines* (1990) – *Calling Long Distance* (1992) – *:Blues* (1994) – *Voodoo Soup* (1995) – *The First Rays Of The New Rising Sun* (1997) – *South Saturn Delta* (1997) – *The Jimi Hendrix Experience 4 CD-Box* (2000) – *Morning Symphony Ideas* (2000) – *The Baggy's Rehearsal Sessions* (2002) *Martin Scorsese Presents The Blues: Jimi Hendrix* (2003) – *Hear My Music* (2004) – *Burning Desire* (2006)

Live Albums

*Isle Of Wight (*1971) – *Hendrix In The West* (1972) – *The Jimi Hendrix Concerts* (1982) – *Jimi Plays Monterey* (1986) – *Band Of Gypsys 2* (1986) – *Live At Winterland* (1988) – *Radio One* (1989) – *Stages* (1992) – *EXP Over Sweden* (1994) – *Jimi In Denmark* (1995) – *BBC Sessions* (1998) – *Live At The Oakland Coliseum* (1998) – *Live At The Fillmore East* (1999) – *Live At Woodstock* (1999) – *Live At Clark University* (1999) – *Merry Christmas and Happy New Year* (1999) – *Experience Hendrix: The Best Of Jimi Hendrix* (2000) – *Live In Ottawa* (2001) – *Blue Wild Angel* (2002) – *The Last Experience* (2002) – *Live At Berkeley* (2003) – *Paris 1967/San Francisco 1968* (2003) – *Live At The Isle Of Fehmarn* (2005)

Gastauftritte von Jimi Hendrix

Timothy Leary: *You Can Be Anyone This Time Around* (1970) – Love: *False Start* (1970) – Stephen Stills: *Stephen Stills* (1970) – The Isley Brothers: *The Isley Brothers Story Vol. 1: Rockin' Soul* (1991) – Lightnin' Rod: *Doriella Du Fontaine* (1992) – Buddy Miles Express: *The Best Of Buddy Miles* (1997) – The Curtis Knight Sessions: *The Complete PPX Studio Recordings Vol. 1-6* (2000) – Jayne Mansfield: *Dyed Blonde: Marilyn Monroe & Jayne Mansfield* (2000) – Little Richard: *The Georgia Peach* (2002) – King Curtis: *Blues & Soul Power* (2003) – Noel Redding: *The Experience Sessions* (2003)

DVD-Auswahl:

Band Of Gypsys: Live At The Fillmore East (1999) – *Rainbow Bridge* (2000) – *Experience Jimi Hendrix* (2001) – *Blue Wild Angel: Live At The Isle Of Wight* (2002) – *Dick Cavett Show* (2002) – *Jimi Plays Berkeley* (2003) – *A Film About Hendrix* (2005) – *The Making Of Electric Ladyland* (2005) – *Live At Woodstock* (2005) – *Live At Monterey* (2007) – *At Last... The Beginning: The Making Of Electric Ladyland* (2009)

Personenregister

Aerosmith 131
Alexander Balanescu String Quartet 132
Alexander, Pernell 18
Aleem, Taharqa 122
Aleem, Tunde-Ra 122
Ali, Muhammad 25, 117
Allen, Paul 139
Allison, Steele 100
Altham, Keith 40, 73
Anderson, Laurie 132
Animals, The 31 f., 38
Aronowitz, Al 121

Baker, Ginger 34
Band, The 31
Band of Gypsys 53, 62 ff., 71, 81, 95 ff., 100 f., 106, 122-124, 143
Bannister, Dr. John 78
Barnevilles, The 23
Baxter, Jeff »Shunk« 29 f.
Beatles, The 25, 28, 32, 41 f., 46, 92, 119
Beck, Jeff 32, 38 f., 52, 126, 133 f., 143
Beastie Boys 131
Beecher-Stowe, Harriet 19
Beethoven, Ludwig van 20
Berry, Chuck 17
Berry, Richard 17
Big Brother and The Holding Company 42
Bjorndal, Anne 71
Blind Faith 73
Bloomfield, Mike 31
Blue Flames, The 35
Bob Fisher & The Marvelettes 141
Bogart, Joe 45
Booker T and The MGs 42
Bowie, Joseph 131
Boyle, Mark 50
Branton, Leo 137
Brecker Brothers, The 104
Brecker, Michael 104
Brecker, Randy 104
Brian Auger Trinity, The 33
Bridges, Alvina 77
Brooks, Rosa Lee 26
Brown, James 24, 40, 104
Brown, Ray 20
Brown, Tony 53, 65
Bruce, Jack 34 f., 42
Burdon, Angie 68, 76, 112
Burdon, Eric 33, 42, 74 f., 77, 79 f., 112, 125, 144
Burks, John 65
Burnettes, The 34
Butterfield Blues Band, The 31

Cameron, Pete 75
Carpenter, Diane 28, 137
Carpenter, Tamika 28, 65, 75, 137
Carson, Johnny 57
Caruso, Paul 86, 102
Casady, Jack 52, 116
Casey, Danny 30
Cavett, Dick 57
Chalpin, Ed 27, 32, 46 f., 51, 62, 74 f., 95, 119, 142
Chandler, Chas 31-37, 40, 51, 75, 83, 85, 87, 89, 105, 113, 142 f.
Charles, Ray 17
Christian, Charlie 93, 126
Chubby, Poppa 132
Clapton, Eric 32, 34 f., 38, 40 ff., 52, 63, 75, 80, 126, 132, 143

Clinton, George 117, 131
Coasters, The 18
Cohen, Martin 108
Cole, Nat King 15
Coltrane, John 62, 134
Como, Perry 15
Cooke, Sam 142
Cosby, Bill 111
Cox, Billy 20-23, 57 f., 62, 65, 70, 72 f., 96, 103, 121, 123, 138, 141, 143
Cream, The 34, 41, 123, 142
Crosby, David 86
Cry of Love Band 65
Curtis, King 28, 142

Dannemann, Monika 55, 68 f., 74-80, 136, 143
Davis, Miles 63, 66, 104, 117, 122
Davis, Spencer 42
Dawn, P.M. 134
Defunkt 131
Derringer, Rick 50
Diddley, Bo 28
Doobie Brothers, The 29 f.
Doors, The 49
Domino, Fats 18
Donovan 38
Douglas, Alan 62 f., 66, 74, 98 f., 137
Douglas, Stella 74-76
Dunbar, Ansley 35
Dylan, Bob 26 f., 29, 31, 34, 40, 43 f., 102, 104 f., 112, 118 f., 132, 142

Earth, Wind & Fire 97
Eddy, Duane 17
Eire Apparent 143
Electric Flag, The 42
Ellington, Duke 11, 15, 62
Epstein, Brian 38, 41
Etchingham, Kathy 13, 33, 53, 56, 63, 65, 68, 75, 111 f., 136
Evans, Gil 66, 104, 134

Faithful, Marianne 124
Fame, Georgie 35
Family 73
Farmer, Phillip José 109
Fat Mattress 52
Fitzgerald, Ella 24
Flea 133
Fleetwood Mac 68
Fonda, Peter 101
Foreman, George 117
Freedland, Nat 53
Fugs, The 29 f., 102

Gales, Eric 132
Gehry, Frank O. 139
Ghetto Fighters, The 99
Gonzales, Virgil 52
Graham, Bill 45, 49, 62, 95 f.
Grateful Dead 43
Grech, Ric 73
Green, Robert 18
Guns 'n' Roses 134
Guy, Buddy 24, 134
Gypsy, Sun & Rainbows 8, 58, 60 f., 143

Halliday, Johnny 36, 142
Hammond, John 31
Hammond, John Jr. 31, 47
Hampton, Linonel 11
Harding, Dorothy 11 f., 14
Harper, Ben 134
Harrison, George 126

Hartley, Pat 67
Harvey, Lord of Prestbury 76
Harvey, Phillip 76
Havens, Richie 29
Hayes, Isaac 97
Hendrix, Al (Vater) 11-20, 23, 27, 49, 88, 98, 137 f., 141, 143
Hendrix, Alfred (Bruder) 14
Hendrix, Ayako (Stiefmutter) 49
Hendrix, Bertran Philander Ross (Großvater) 12
Hendrix, Cathy Ira (Schwester) 14
Hendrix, James Marshall 13, 141
Hendrix, Janie (Halbschwester) 49, 105, 138
Hendrix, Jimi 30 ff.
Hendrix, Jimmy (Pseudonym) 13 ff., 141
Hendrix, Jimmy James (Pseudonym) 30
Hendrix, Johnny Allen (Taufname) 11, 141
Hendrix, Joseph Allen (Bruder) 13 f.
Hendrix, Leon (Bruder) 13-17, 49, 88, 113, 138
Hendrix (Jeter), Lucille (Mutter) 11-14, 17, 28, 88, 92, 101, 113, 138, 141
Hendrix, Maurice James (Pseudonym) 26 f.
Hendrix (Moore), Nora (Großmutter) 12, 22, 52, 84
Hendrix, Pamela (Schwester) 14
Hicks, Michael 82
Hitchcock, Robyn 133
Hofmann, Albert 31
Hollies, The 38
Hooker, John Lee 20, 109, 129
Hopper, Dennis 10
Humperdinck, Engelbert 39

Ice-T 134
Impressions, The 90
Isley, Ernie 25, 123
Isley Brothers, The 24-26, 142

J. B. Horns 104
Jagger, Mick 38, 124
James, Elmore 26, 104
Jefferson Airplane 42, 116
Jeffery, Mike 32 f., 35 f., 41, 51 f., 55, 60-64, 66 f., 74 f., 80, 95, 98 f., 119, 137
Jeter, Clarice (Großmutter) 12
Jeter, Dolores 13 f.
Jeter, Preston (Großvater) 12
Jimi Hendrix Experience, The 35, 37-43, 45-50, 52-57, 62, 65 f., 68-70, 72, 81-95, 104-120, 138 f., 142-144
Jimmy James and The Blue Flames 30 f., 46, 142
Johnson, Terry 14, 16, 18
Jones, Brian 38, 42 f., 135
Jones, Davy 46
Jones, Johnny 22
Jones, Philly Joe 87
Joplin, Janis 42, 135

Keith, Linda 30-32
Kennedy, Nigel 134
Kha, Yat 132
Kieser, Günther 91
King, Albert 20, 109
King, B. B. 22, 47, 109, 126
King, David 89
King, Earl 92

King, Martin Luther 50, 94, 103, 143
King Kasuals, The 21-23, 141
Knight, Curtis (and The Squires) 27, 30, 47, 142 f.
Knopfler, Mark 132
Kooper, Al 47
Kramer, Eddie 66, 75, 82, 97, 104 f., 110, 115, 117, 134 f.
Kravitz, Lenny 123, 131
Kronos Quartet 131
Kuvezin, Albert 132

Lambert, Kit 33
Last Poets, The 62
Law, Roger 89
Lê, Nguyên 132
Leaves, The 107 f.
Led Zeppelin 103
Lee, Larry 22 f., 58, 60, 141
Lennon, John 38
Linhart, Buzzy 101
Living Colour 131
London Metropolitan Orchestra 134
Love 107
Loving Kind, The 34
Lucas, Joyce 21
Lulu 38, 53 f., 143
Lyell, Nicholas 136

Mahal, Taj 134
Mamas and Papas, The 42, 142
Mansfield, Jayne 28
Manson, Charles 103
Manson, Dave 92
Marr, Johnny 133
Marshall, Jim 35
Martin, Dean 15
Marvin, Hank 83
Masakela, Hugh 42
Mayer, Roger 38 f., 123, 129
Mayfield, Curtis 23 f., 60, 90, 101, 114, 130
Mayes, Jimmy 102
McCartney, Paul 38, 41 f.
McCoys, The 30, 50
McKenzie, Scott 47, 142
McLaughlin, John 99, 127, 132
Merryweather, Melinda 67
Metheny, Pat 134
Michaels, Lee 53
Miles, Buddy 53, 56, 62, 64, 80, 96, 106, 123
Mimram, Colette 58, 75
Mingus, Charles 20, 89
Mitchell, John »Mitch« 35, 41, 44, 53 f., 58, 61 f., 65, 67, 71, 75 f., 80, 84-89, 103, 114, 116, 118, 121, 137 f.
Mitchell, Lynn 103
Money, Zoot 33
Monkees, The 46 f., 142
Montgomery, Wes 60, 126, 130
Moon, Keith 43
Morgan, Betty Jean 18-21
Morrison, Jim 49 f., 135, 142
Morrison, Van 28
Mothers of Invention, The 46 f.
Murray, Charles Sheer 116
Murray, Juggy 27, 32

Nefer, Kirsten 69, 71 f., 74
New Animals, The 33, 42
Newsom, Joanna 132 f.
Nugent, Ted 47

Odell, George 141
Oldham, Andrew Loog 31
Ono, Yoko 68

Pachelbel, Johann 93
Page, Jimmy 38 f.
Page, John 12
Palmer, Randy 30
Pastorius, Jaco 131
Patton, Charlie 19
Paul, Les 126
P-Funk 97, 131
Phillips, John 43
Pickett, Wilson 26, 28
Pine, Ken 102
Pop, Iggy 134
Powers, Chester A. 107
Presley, Elvis 16, 141
Pridgeon, Fayne 24
Prince 131
Public Enemy 131
Purcell, Henry 93

Quicksilver Messenger Service 107

Rapp, Luther 17
Rathjen, Friedhelm 113
Rau, Fritz 80
Rawls, Lou 42
Ray, Nicholas 16
Reagan, Ronald 66
Redding, Noel 34 f., 37, 41, 46 ff., 52 f., 57, 65, 73, 80, 84, 86-88, 90, 109, 137, 143
Redding, Otis 23, 42, 48 f., 54 f., 85, 113, 137 f.
Red Hot Chili Peppers, The 131, 133
Reid, Terry 38
Reid, Vernon 131
Rich, Herbie 52
Richard, Little 18, 22, 25 f., 30, 142
Richards, Keith 30
Roberts, Billy M. 106, 108
Roby, Steven 108
Rocking Kings, The 18 f., 141
Rodgers, Paul 134
Rolling Stones, The 30 f.
Rose, Tim 30, 108

Sanders, Pharoah 132
Santamaria, Mongo 88
Santana, Carlos 120, 134
Seifert, Dr. Martin 78
Serfs, The 93
Shadows, The 84
Shankar, Ravi 42, 45
Sharrock, Sonny 131
Shaughnessy, Ed 57
Shiroky, Carol 28
Sinatra, Frank 15, 44
Slash 134
Small Faces, The 38, 92
Smith, Patti 132
Soft Cell 131
Soft Machine, The 48
Squarepusher 133
Stamp, Chris 33
Starr, Ringo 38
Steingarten Henry 63 f., 75
Stevens, Cat 39
Stewart, George R. 85
Stickels, Gerry 55, 70, 72, 76
Stills, Steven 56, 102
Sting 134
Stone, Sly 75
Strauss, Richard 68
Sultan, Juma 58, 99
Sun Ra Arkestra 57, 117
Sundquist, Eva 54, 70, 137
Sundquist, James Henrik Daniel 54, 70, 137

Supremes, The 142
Squires, The 27 f.

Tate, Greg 123
Taylor, Cecil 62
Television 133
Theweleit, Klaus 127
Thomas and the Tomcats 19, 141
Townshend, Pete 38, 43, 69, 88, 126
Traffic 116
Trampert, Lothar 114
Troggs, The 30, 38
Trout, Walter 132
Trower, Robin 132

Ulmer, James Blood 133
Upsetters, The 25

Vai, Steve 132
Valenti, Dino 107 f.
Van Halen, Eddie 131
Vaughan, Sarah 24
Vaughan, Stevie Ray 131 f.
Velez, Jerry 58
Velvetones, The 18, 141
Verlaine, Tom 133
Voices of East Harlem, The 95

Wagner, Richard 68
Walker, T-Bone 19
Walker Brothers, The 39
War 74 f., 144
Waters, Muddy 15, 116
Wein, Chuck 66 f.
Who, The 33, 42 f., 69, 88
Williams, Tony 63
Wilson, Cassandra 132
Wilson, Devon 51, 64, 74-76, 99, 124, 136
Wilson, Jackie 142
Winwood, Stevie 116
Winter, Johnny 56, 68, 80, 126
Wolf, Howlin' 28, 34
Wolfe, Randy 29
Wonder, Stevie 47
Wong, Judy 75
Woods, Bobby 61
World Saxophone Quartet 134
Wyatt, Robert 54, 80, 99, 128, 143

Young, Alphonso 21
Young, Larry 56
Youngblood, Lonnie (Thomas) 23, 142

Zappa, Frank 46, 87, 131

Werkregister

Es wurden Arbeiten von Jimi Hendrix und jene Coverversionen aufgenommen, die für sein Werk zentral sind. Wenn nicht anders gekennzeichnet, handelt es sich dabei um Songs.

:Blues (Album) 98

1983 … (A Merman I Should Turn To Be / Moon, Turn The Tides … Gently, Gently Away) 117 f., 132
51st Anniversary 38, 82

Ain't No Telling 87
All Along The Watchtower 94 f., 104, 118-120
And The Gods Made Love 90
Angel 17, 90, 100 f., 113, 132
Are You Experienced? (Album) 41, 82-87, 105, 142
Are You Experienced 85
As The Clouds Drift By 28
At Last The Beginning 90
Axis: Bold As Love (Album) 47, 86-89, 105, 142

Band Of Gypsys (Album) 95-97, 122, 144
Beginnings (Jam Back At The House) 60, 101
Belly Button Window 98, 103
Black Gold (Song-Zyklus) 65
Bleeding Heart 50, 104
Bold As Love 86, 114-116
Burning Desire (Album) 106
Burning Of The Midnight Lamp 46, 93, 142

Can You See Me? 82 f.
Castles Made Of Sand 88
Come On (Part I) 92
Country Blues 106
Crash Landing (Album) 99
Crash Landing 97
Crosstown Traffic 91
Cry Of Love (Album) 97-99

Dolly Dagger 66, 101, 124
Doriella Du Fontaine 62
Drifter's Escape 104
Drifting 101

Earth Blues 64, 66, 103
Electric Ladyland (Album) 50, 52 f., 89-95, 97, 143
EXP 86, 90
Ezy Rider 101

Fire 40, 84, 87, 122
First Rays Of The New Rising Sun (Album) 66, 97, 99-104, 124
Flashing 47
Foxy Lady 31, 82, 43, 52, 58, 64, 82 f., 124
Freedom 71, 99

Get That Feeling (Album) 142
God Save the Queen 69
Gypsy Eyes 92
Gypsy Woman 60

Have You Ever Been In Electric Ladyland 90
Have You Heard? 102
Hear My Music (Album) 106
Hear My Train A Comin' 60, 66, 98
Hey Baby (New Rising Sun) 66, 81, 71, 102 f.

Hey Joe 30, 32, 36 f., 54, 82, 106-110, 132, 134, 142
Highway Chile 23, 82, 132, 142
House Burning Down 94
Hush Now 47

I Don't Live Today 84
If 6 Was 9 87
In From The Storm 103
In From The Storm (Album) 134
In The Midnight Hour 28, 36
It's Too Bad 106
Izabella 100, 102

Killing Floor 28, 35, 43

Lifelines – The Jimi Hendrix Story (Album) 137
Like A Rolling Stone 26, 28, 30, 43
Little Miss Lover 89
Little Miss Strange 92
Little Red Velvet Room 65
Little Wing 24, 86, 90, 101, 104 f., 113 f., 131
Live At The Isle Of Fehmarn (Album) 106
Live In Ottawa (Album) 106
Long Hot Summer Night 92
Lover Man 57
Love Or Confusion 83

Machine Gun 96, 122-124, 131, 133
May This Be Love 84, 133
Manic Depression 83, 126
Message Of Love 97
Message To Love 71, 97
Message To The Universe 97
Midnight Lightning (Album) 99
Morning Symphonies (Album) 106
Mother Earth 75
My Diary 26
My Friend 98, 102
My Girl (She's A Fox) 24

New Rising Sun 98
Night Bird Flying 100
Nine To The Universe (Album) 99

One Rainy Wish 88

Pali Gap 66, 98
Paper Airplanes 97
Pass It On 102
Peace In Mississippi 98
Power Of Love 97
Power Of Soul 97
Power To Love 97
Purple Haze 37, 39, 46, 58, 82, 109-111, 121 f., 126, 131 f.
Purple Haze – Jesus Saves (Gedicht) 109

Rainbow Bridge (Album) 67, 98, 102, 124
Rainbow Bridge (Film) 66 f., 144
Rainy Day, Dream Away 93
Red House 49, 53, 60, 73, 82 f., 98, 129
Remember 82
Rollin' And Tumblin' 92
Room Full Of Mirrors 81, 101

Scorpio Woman 106
Sgt. Pepper's Lonely Hearts Club Band (Song) 41
She's So Fine 88

Ships Passing Through The Night 100
Smash Hits (Album) 51, 142
South Saturn Delta (Album) 104 f.
Spanish Castle Magic 87
Stages – Jimi Hendrix Concerts (Album) 137
Steppin' Stone 101
Still Raining, Still Dreaming 93
Stone Free 37, 82, 86 f., 142
Stone Free (Album) 134
Straight Ahead 102
Sunshine Of Your Love 54, 72, 123

Taking Care Of No Business 105
Testify (Parts 1 & 2) 25
The Baggy's Rehearsal Sessions (Album) 106
The Jungle Is Waiting 65
Them Changes 96
The Jimi Hendrix Experience (Album) 105 f.
The Star Spangled Banner 7, 53, 60, 98, 106, 120-122
The Story Of Life (Gedicht) 76, 79
The Voodoo Child Plays The Blues (Album) 66
The Wind Cries Mary 38, 82, 111-113, 134, 142
Third Stone Form The Sun 31, 84 f., 133
Tobacco Road 75

Under the Table (Take 2) 24
Up From the Skies 87

Villanova Junction (Blues) 60, 106
Voodoo Child (Slight Return) 54, 58, 72 f., 92, 95, 116 f., 121
Voodoo Chile 92, 116 f.
Voodoo Soup (Album) 98

With The Power 97

Young / Hendrix Jam 99
You've Got Me Floatin' 87

Wait Until Tomorrow 87
Who Knows 65, 96
Wild Thing 30, 38, 44, 53
Woodstock Improvisation 60

Bildnachweis

action press, Hamburg: 3 (David Magnus / REX Features Ltd.), 34 (REX Features Ltd.), 36 (REX Features Ltd.), 79 (REX Features Ltd.). Corbis, Düsseldorf: 39 (Bettmann), 43 (Michael Ochs Archives), 133 (Neal Preston), 138 (Arcaid). Fotex, Hamburg: 130 (Target). Getty Images, München: 7, 29, 51 (Michael Ochs Archives), 63 (Tom Copi / Michael Ochs Archives), 73 (Michael Ochs Archives), 83 (Michael Ochs Archives), 100 (Michael Ochs Archives), 115 (Michael Ochs Archives), 119 (Bill Ray / Time Life Pictures), 122 (Robyn Beck / AFP), 135 (Gareth Cattermole). Caesar Glebbeek / UniVibes Collection, Popiglio: 12, 14, 21. GoodTimes-Photo, Roßdorf: 107. Günther Kieser, Offenbach: 91. Mirrorpix, Watford: 112. Photofest, New York: 28. Redferns, London: 96 (K & K / Petra Niemeier). Retna Ltd., New York: 125. ullstein bild, Berlin: 59 (KPA)

Umschlagfoto: Getty Images / Michael Ochs Archives

Alle übrigen Abbildungen stammen aus dem Archiv des Autors und des Suhrkamp Verlags.